HISTOIRE

DU

LYCÉE BONAPARTE

HISTOIRE

DU

LYCÉE BONAPARTE

(COLLÉGE BOURBON)

PAR LEFEUVE

NOUVELLE ÉDITION

revue et corrigée sur des notes réunies par des amis de l'Auteur
anciens élèves comme lui de ce Collége.

PARIS

AU BUREAU

des *Anciennes Maisons de Paris sous Napoléon III*

15, BOULEVARD DE LA MADELEINE

—

1862

HISTOIRE

DU

LYCÉE BONAPARTE.

Discours d'ouverture.

JEUNES ÉLÈVES...

Ces deux mots, entrée en matière de toutes
les harangues officielles du Collége, y consa-
crent deux avantages en même temps : la prio-
rité d'âge et l'autorité de la robe, dont le
maître se targue à l'Université, soit qu'il
parle, soit qu'il écoute. Mais ici n'est plus à
sa place la même précaution oratoire. Le
droit d'aînesse, fut-il encore un droit, je ne
l'invoquerais pas toujours à juste titre, encore moins avec superbe, au milieu des anciens élèves de notre Lycée, parmi lesquels
je trouve et des aînés et des cadets. La robe
virile, chacun de nous l'a prise à dix-sept ans,

le jour de la fête de Bacchus. Si la toge des triomphateurs, *ter conspecta Jovi*, s'est drapée plus rarement, qui de nous en éprouve un sentiment de jalousie ? La fraternité qui survit aux relations d'élève à élève rapproche comme deux camarades, à l'issue de toutes les luttes, et le vainqueur et le vaincu.

Vous, à qui s'adresse un discours purement officieux cette fois, vous n'êtes plus du tout des élèves. Que gardez-vous encore de la jeunesse ? Cette question ne s'étant jamais faite directement entre gens bien élevés, je l'adresse pour votre compte à mesdames vos passions, si vous n'en êtes pas veufs. Répondez, désirs ou regrets, qui précédez en foule ou qui suivez l'âge moyen, double cortége du même seigneur et maître, compliments de bienvenue, puis de condoléance ! Cet âge, le meilleur âge, est pourtant une puissance qui ne succombe jamais sans *tolle* général sur les fautes et les abus qu'on lui impute. Haro ! haro sur ce pouvoir déchu ! On prête révolutionnairement à la minorité, à la régence passée, tous les mérites qui datent vraiment du règne, notamment le chef-d'œuvre de l'écrivain ou de l'artiste, la beauté plus durable que la beauté du diable, l'esprit sans âcreté comme sans impertinence, le discernement en affaires, et l'état de majorité dont l'heure sonne

pour le cœur après l'heure de la conscription.
Ajoutons-y la pleine faculté de faire épreuve
de soi-même, mise en page de l'amour, composition de Dieu. La première jeunesse, en
amour, n'est-ce pas la meilleure école de la
seconde? Cet enseignement mutuel est rarement poussé aux degrés supérieurs pendant
l'adolescence; il ne cesse pas toujours d'être
primaire pour l'étudiant qui passe la tren-
taine. Aimons quand même, c'est jouer à qui
perd gagne... Mais peut-être oublié-je trop,
chers camarades, que tout le monde ici n'est
plus garçon. L'un a pris femme, l'autre est
époux et père. Plaise à Dieu que Molière ne
me prête pas, en outre, un de ses termes glorieusement familiers, pour ajouter à la progression un indiscret couronnement, que les
maris ont en horreur, mais qui fait relever la
tête aux célibataires consolés!

L'année scolaire, lorsqu'elle expirait, faisait
pleuvoir des fleurs de rhétorique du haut
d'une estrade solennelle : dernière leçon,
conseils suprêmes, prodigués aux élèves que
la fin des vacances ne devait plus ramener au
Collége! Ces allocutions magistrales se renou-
vellent chaque année, sans que nous en ayons
l'écho, assoupi par l'éloignement où nous
tient à son tour le monde. Regarder en ar-
rière est un plaisir de poëte qui n'a pas même

réussi à Orphée. Mais est-ce reculer que de perpétuer l'émulation d'une génération à l'autre entre des anciens condisciples? Est-il dépourvu d'intérêt que des succès également honorables dans des carrières différentes aient eu le même point de départ? Les moyens sont connus, mais les fins ignorées. Pourquoi laisser impénétrable le voile des résultats partiels qui ont été successivement produits par une longue communauté d'études? Les honneurs de la monographie ne sont-ils pas dus au lycée Bonaparte, collége Bourbon?

Ni la cloche ni le tambour ne rappelleraient sur les bancs de la classe les myriades d'écoliers qui tour à tour s'y sont assis. Trop d'inégalité dans les conditions a battu en brèche le souvenir d'une quasi-égalité d'aptitudes et d'aspirations, pour que des groupes aient longtemps tenu bon contre tant d'éléments de division! La liberté, ce n'est pas autre chose qu'une séparation individuelle et absolue d'intérêts, d'opinions et d'habitudes, n'en déplaise aux rêveurs qui y voient l'association universelle et l'assimilation autant que possible des croyances, des vœux, des besoins et des forces. Jamais on ne se croit plus affranchi qu'en secouant pour jamais le joug de la discipline du lycée. Mais plus tard, quand la vie est prise pour ce qu'elle vaut, quand on compare aux liaisons récentes les affections qui datent du premier âge, on reconnaît souvent dans celles-ci un bienfait universitaire. L'étroite amitié qui relie deux camarades de pension, ou de classe, résiste seule à une interruption de rapports, quelquefois très-longue ; il suffit d'une rencontre pour en renouer le fil. Le visage de l'absent a-t-il changé ? un mot le rajeunit. Rien de tel, à vrai dire, que la lune de miel des maris pour refroidir leurs affections de collége. L'ami, rappelé après ce temps d'épreuve, doit suivre de plus loin dans lenouveau ménage les errements de l'ancien copin. L'hôte inconnu, présenté à madame, est déjà dans la confidence de son mérite ; il en sait plus long qu'elle sur les antécédents de l'ami qu'il tutoie, privauté dangereuse si l'exemple en est contagieux ! Pierre de touche de l'amitié, tu brûles ! Cependant l'époux dort tranquille : le cousin de sa femme ne lui inspire plus d'inquiétude, depuis que son honneur est sous la sauvegarde infaillible d'un second lui-même.

De tous les fronts à couronner de lauriers la mesure n'a pas été prise lors des distributions de prix. Quelque savants que fussent nos professeurs, ils n'allaient pas jusqu'à juger de l'avenir, comme les anciens, par le pétillement du laurier sur le feu. Ouvrons donc un nouveau livret pour distribuer des mentions honorables, dont les prix de l'Université n'ont pu donner que l'avant-goût. La lice étant beaucoup plus vaste, nous ne compterons jamais trop de vainqueurs. Mais de tous les élus que leur mérite a mis en évidence dans une carrière quelconque, aucun ne peut être oublié absolument que par sa faute, s'il a brisé toutes les relations qui l'auraient signalé comme sorti de nos rangs. Part se fera aux maîtres dans les éloges, qui perdraient de leur prix à être décernés sans restriction, même aux disciples. Sans la presse, qui nous veut du bien, les fanfares manqueraient à la fête : elles sont d'heureuse tradition en ce qu'elles couvrent la voix de l'orateur chaque fois que la langue lui fourche. Les facultés ne s'appellent plus le thème, la version, les vers latins, le grec, la narration française, le discours, la philosophie, l'histoire, les mathématiques, la physique, l'anglais, l'allemand ; on dit maintenant : littérature, théâtre, peinture, sculpture, sciences, instruction publique, magistrature, barreau, diplomatie, armée, médecine, agriculture, finances, commerce, industrie, administration.

Les anciens élèves d'autres lycées ont des banquets annuels, qui reproduisent ou pour mieux dire prolongent la cène classique de la

Saint-Charlemagne, avec cet avantage que les meilleurs élèves ne sont plus seuls à table, que les plus paresseux peuvent s'y rattraper comme laborieux convives, et que les premiers de la classe deviennent quelquefois les derniers, ainsi que l'a voulu l'Evangile. Chez Douix ou chez Collot, les plus studieux sont ceux qui trempent le mieux leur esprit dans le savoir-vivre, leur petit biscuit de Reims dans un champagne qui coule de source fraternelle, et leur crédit du lendemain dans des souvenirs de *pensums* partagés. Une assez grande partie des promotions, des élections et des nominations, avant de prendre au *Moniteur* leur caractère de nouvelles officielles, ont été pressenties, caressées et fêtées par anticipation dans ce lit de justice tenu successivement, le verre en main, par les anciens élèves de Sorèze, de Juilly, de Sainte-Barbe, de Rollin, de Stanislas, etc. Les plus petits colléges ont les plus intrépides fourchettes. Mais, s'il y avait un grand concours gastronomique à la Sorbonne, les prix y seraient disputés par tous les colléges et lycées de Paris et de la province, qui démontrent, par là tout au moins, que l'Université de France est une. Ces frairies, commémoratives du temps des classes, noient dans le premier doigt de vin, broient sous les premiers coups de dents toutes les minuties du passé, toutes les rancunes de prix et d'accessits enviés ; ces souvenirs, évoqués du réfectoire modeste d'autrefois, servent tout bonnement d'absinthe, pour ouvrir ces mêmes appétits qui ont maintenant besoin de stimulant, après avoir été si difficiles à assouvir. Mais combien d'espérances vermeilles se dressent avec le dessert, dans lequel entrent l'avancement, le succès, les dignités, les honneurs de toutes sortes, corbeilles où la fraternité, esprit même de la réunion, veut qu'on fasse la part du voisin avant d'y mordre soi-même à belles dents ! On se grise de camaraderie et d'offres de service réciproques, beaucoup plus que de la liqueur qui a fait d'Alexandre le Grand l'assassin de son favori. Ce commensal martyr n'est-il pas glorieusement vengé par les compétiteurs actuels de la faveur du souverain, qui savent périodiquement faire leurs affaires en festinant, sans rien avoir à craindre d'un maître qui ne les connaît pas, et qui ne doit les prier à dîner qu'après les avoir fait ministres, ou sénateurs, ou conseillers d'Etat ? Il y a évidemment progrès. Comptez tous les hommes éminents qui se sont succédé aux affaires depuis tant d'années, vous n'en trouverez pas un qui n'ait été d'abord porté aux nues, ou, si vous voulez, à la Chambre, par un groupe

d'anciens condisciples. Les grandes salles à
manger sont l'antichambre des grands corps
de l'État. Les intérêts particuliers n'empê-
chent pas qu'on s'occupe des femmes, dès le
second service, dans ces galas annuels, dont
les femmes sont exclues à leur très-grand
dam, j'ose le dire. Le collégien, dans sa curiosité, interrogeait, c'était son droit ; l'ex-
collégien interroge et répond, ce qui fait
double indiscrétion, et il se croit tout seul
lorsqu'il n'a près de lui que ceux dont l'amitié
date de plus loin que ses premières amours.
Le fer-à-cheval de ces festins truffés et semés
de grains de sel attique, garde sa nappe jusqu'au bout; les amours des convives n'y gar-
dent pas toujours la leur : le nom des maîtresses absentes est servi bientôt et circule, le
cru des conquêtes se discute, et l'aile de
quelque vertu tombe, pour ainsi dire, d'a-
vance au milieu de plus d'une assiette, comme
alouette toute rôtie. Ce jour-là quel amant et
quel mari se montrerait jaloux ! La table a
beau elle-même être disposée en croissant, l'ex-
collégien marié fait les honneurs de sa femme
ou l'oublie. Au point de vue conjugal, c'est
donc une exception avantageuse que les anciens élèves du lycée Bonaparte, naguère collége Bourbon, n'aient pas de réunions orga-
nisées.

L'utile et l'agréable sont pourtant de moitié dans ces assemblées conviviales, qui donnent toujours lieu à l'établissement d'une caisse de secours, qu'on ferait mieux d'appeler de prévoyance. Avec de petites sommes, que n'ont pas à regretter les membres nombreux qui les versent, il est rendu souvent de grands services au petit nombre de ceux qui les touchent. Les employés sans place, les artistes trop jeunes ou trop vieux, les hommes d'esprit sans protecteurs, les braves gens en un mot qui ont fait leurs humanités sans y apprendre à faire fortune, ne sont à l'abri d'aucun mal; ils doivent trouver une dernière ressource au fond de la bourse commune. L'exercice d'un droit suprême, dans cette extrémité de la détresse qui succède à des jours meilleurs, est préférable à un recours en grâce, qui convient uniquement aux bureaux de charité.

Les anciens lycéens de Bonaparte se reconnaissent à de certains signes, imperceptibles pour les profanes, mais qui les trahissent l'un pour l'autre, de par le monde parisien. Ce n'est pas qu'ils aient tous à se louer de la fortune, il s'en faut de beaucoup. La moyenne du prix des pensions du Lycée est le même que dans les pensions du quartier Saint-Antoine. Seulement les externes libres qui suivent les cours de la rue Caumartin appartiennent pour la plupart aux familles en vue dans la Chaussée-d'Antin, dans le faubourg Saint-Honoré, qui leur donnent pour répétiteurs les professeurs mêmes du Collége; ils doivent à un travail dans lequel se trahit jusqu'à la surveillance directe et incessante du chef de la famille, une part relativement énorme dans les succès du lycée Bonaparte au concours général : c'est l'aristocratie, à tous égards, des colléges de.Paris. L'ordre établi par les nominations du Lycée et du grand concours est singulièrement interverti, comme chacun sait, par les alternatives pratiques de la vie : combien de lauréats ont été dépassés par les fruits secs de l'Université, dans le steeple-chase du monde! Mais cette Cour de cassation, le monde, prononce des arrêts miraculeusement favorables, en général, aux élèves de Bourbon. Leurs anciens maîtres peuvent y être pour beaucoup; mais sur le fond de l'instruction il se détache comme un relief, sculpté par des mains féminines; on dirait que les plus belles et les meilleures des mères ont pris un coin de la chaire des professeurs. S'il faut tout dire, l'esprit, les bonnes manières et l'éducation du galant homme sont comme un signe de ralliement, qui fait que deux anciens élèves

du Lycée, bien que d'un âge tout à fait différent, croient toujours à la premiere vue s'être
déjà rencontrés quelque part.

Élèves de Bourbon, élèves de Bonaparte,
vos mains se cherchent: comment les rappro-
cher et les enlacer? Par quelles gammes pré-
luder au concert? Légion d'élite, tes armes
en faisceau! Puisque tant de souvenirs acco-
lent, dans une étreinte inséparable, ces deux
grands noms, Bonaparte et Bourbon, qui ne
s'embrassaient nulle part, l'impossible n'est
plus à faire. Il ne reste à fondre que des nuan-
ces, à mettre parfaitement d'accord que de lé-
gères dissonances. La gerbe exige-t-elle, pour
se former, que le lien soit prêt avant le blé?
Voici un livre.

Association amicale des anciens élèves du
Lycée Bonaparte (collége Bourbon). — Ici n'est
pas le cas, et tant s'en faut, de placer un de
nos proverbes : *Le lien vaut mieux que la
gerbe*. Seulement l'initiative prise par l'auteur du livre, dont la première édition voyait
le jour en septembre 1851, aura porté ses
fruits. De leur propre mouvement, au bout
de peu de temps, deux groupes d'anciens
élèves se réunissaient chez Véry et chez Vé-

four. D'une part et de l'autre, ces convives se séparèrent après s'être promis de se remettre à table l'année suivante en plus nombreuse compagnie; mais il aurait fallu s'y amuser un peu pour que la récidive sous les mêmes auspices ne fût pas impossible. Un autre rendez-vous annuel, auquel l'ennui n'avait pas présidé, s'était renouvelé assez longtemps, et principalement chez Champeaux, à une époque antérieure. La fondation d'un déjeûner du même genre, mais qui remonte seulement à 1856, semble appelée à se perpétuer. Les commensaux de ce couvert forment une camaraderie dépourvue de caisse commune. Son caractère particulier consiste à se contenter du petit nombre : un candidat n'y peut être reçu qu'à l'unanimité des voix, et à la condition d'avoir passé trente ans. La seule institution d'une utilité générale, pour les anciens élèves de Bourbon et de Bonaparte, est l'Association amicale créée en 1859, à la suite d'un dîner nombreux qui avait eu lieu le 15 mars, dans un salon de Douix, restaurateur.

Le comité de cette société fonctionne depuis la création; il a pour président M. Amédée Sibire, avoué, rue Saint-Honoré, 189; pour trésorier, M. Clavel, trésorier du Corps législatif. Par les soins de ce comité est organisé chaque année un banquet, auquel il invite

et le proviseur du Lycée et l'élève qui a remporté le
prix spécial fondé par l'Association. Une commission
de quatre membres statue sur le mérite et l'opportu-
nité des demandes de secours adressées par d'anciens
élèves au comité. Un registre tenu par le secrétaire
archiviste de la société, M. Oscar Honoré, littérateur
et manufacturier, boulevard Poissonnière, 6, recueille
les demandes et offres de place faites par les sociétaires. La liste des souscripteurs est publiée avec le
compte rendu des réunions.

LES CAPUCINS DE LA CHAUSSÉE-D'ANTIN. — Un
couvent de capucins, ordre de Saint-François,
avait été fondé en l'année 1613 au faubourg
Saint-Jacques, en même temps qu'un hôpital,
qui est maintenant l'hospice du Midi. Sous
Louis XVI, l'immense terrain du monastère
fut l'objet d'une cession au roi, en vue d'em-
bellissements et de nouvelles voies de communication dont le plan ne fut que partielle-
ment réalisé. Les conseillers d'État Joly de
Fleury, Taboureau et Lenoir, lieutenant-général de police, avaient été commis par arrêts du conseil en date des 6 août 1779 et 18
février 1780, *pour acquérir dans le nouveau
quartier étant au delà du rempart de la Chaussée-d'Antin, des terrains suffisants à l'effet
d'y construire une église et un bâtiment pour*

*y transférer et loger convenablement autant
de religieux capucins qu'au couvent de la rue
Saint-Jacques.* Le roi avait autorisé, le 8 juin
suivant, l'ouverture de la rue Sainte-Croix
(extrémité actuelle de la rue Caumartin) et de
la rue Neuve-des-Capucins (présentement
Joubert), sur des terrains appartenant à M. de
Sainte-Croix et à l'Hôtel-Dieu. Brongniart,
architecte du roi, avait dessiné l'édifice, en
s'inspirant des monuments de Pestum, pour
en réduire le modèle, mais en y conservant
une harmonie de proportions qui rehausse la
simplicité du monument. Le 15 septembre
1783 eut lieu la translation solennelle des
révérends pères dans cette maison, où ils se
constituaient en nouvelle communauté, dite
de Saint-Louis de la Chaussée-d'Antin. Aussi
bien les secours spirituels manquaient à beaucoup d'habitants, trop éloignés de Saint-Eus-
tache, leur paroisse, et c'est une des raisons
qui fit appeler les capucins à devenir leurs
voisins. La rue Thiroux, entre l'ancienne rue
Caumartin et la rue Sainte-Croix, avait été
percée avant cette dernière, pendant que des
constructions neuves s'élevaient rue de la
Chaussée-d'Antin.

Assurément les religieux avaient été bien
plus au large, à l'autre extrémité de la ville :
différence appréciée 4,800 livres, que le roi

leur servait de rente. Ils n'en étaient pas
moins installés convenablement. Tout le
monde pouvait assister aux offices dans leur
église, bénite le 20 novembre 1782. On regarde à présent comme un vice d'architecture l'absence de chapelles latérales dans cette
église, dite encore de Saint-Louis d'Antin;
mais il était de règle dans l'ordre de Saint-
François, dans d'autres ordres, voire même
chez les Augustins, que les chapelles fussent
d'un seul côté. Après la porte de l'église venait celle du monastère, avec fronton, à égale
distance de deux bas-reliefs de Clodion. Des
colonnes toscanes sans base formaient le cloi-
tre, qui avait quatre faces; la galerie en était
complète; mais en face de la porte, il y régnait
une terrasse, au lieu d'un corps de bâtiment.
De là les capucins promenaient leur vue sur
un admirable jardin, dont il reste encore un
petit nombre d'arbres de haute futaie; c'é-
tait le jardin monastique, il englobait le terrain de la rue du Havre, et beaucoup de fruits
y mûrissaient d'une apparence et d'une saveur
telles qu'elles firent la réputation de ce verger.
La troisième porte de la façade, ouverture de
l'un des deux pavillons en aile, dont le premier était l'église, servait d'entrée à une salle
qui était réservée à un service d'utilité publique. Un des vingt-cinq corps de garde des

pompiers de la ville de Paris y était placé. Ce voisinage rassurant convenait assez à la bibliothèque des pères ; elle était composée de 5 à 6,000 volumes, parmi lesquels se remarquait la première *Bible* imprimée au Louvre. De plus, les capucins étaient en possession de cinq tableaux de Vignon, ayant trait comme sujets à la vie de saint François.

Le provincial et gardien du couvent était Zénon, en 1786 ; il fut ensuite provincial des capucins de la rue Saint-Honoré.

Quand les décrets de l'Assemblée nationale eurent déclaré que les biens du clergé faisaient retour à la Nation, en novembre 1789, et ordonné le même mois qu'il fût dressé un inventaire des biens mobiliers et des charges se rattachant aux bénéfices, maisons et établissements ecclésiastiques ; quand les vœux monastiques eurent été supprimés, Barthélemi-Jean-Louis Le Coulteux de la Noraye, lieutenant de maire au département du domaine de la ville de Paris, reçut officiellement la déclaration des capucins de la Chaussée-d'Antin. C'était le 27 février 1790. Devant l'officier municipal comparaissait Nicolas-Martin Desprez, en religion Emmanuel, ex-provincial et gardien des capucins de la Chaussée-d'Antin, demeurant audit couvent, lequel, en obéissance au décret du 13 novembre, déclarait que douze religieux prêtres composaient le couvent des capucins de Saint-Louis; que les revenus attachés à ladite maison se montaient à 5,800 livres, savoir : 4,800 pour indemnité de la cession faite au roi du terrain du faubourg Saint-Jacques, et 1,000 pour la location de deux maisons; que le couvent n'avait été chargé ni de rentes ni de fondations, depuis son établissement; que ledit sieur gardien avait fait un inventaire de tous les meubles, argenterie et autres effets mobiliers dépendant dudit couvent, dont il présentait un état, signé par frère Emmanuel, *provincial*, frère Gabriel de Paris, *linger*, frère Modeste de Paris, *procureur*, frère Gabriel, *sacristain*.

Il était pourtant ajouté à ladite déclaration que l'acquit d'un grand nombre de messes incombait à la sacristie, parmi lesquelles il y avait une messe à dire tous les jours pour le repos de l'âme du cardinal Pierre de Gondi, archevêque de Paris, et une tous les trois mois, à l'intention de François-Godefroi de la Tour : l'un et l'autre titulaires de ces créances posthumes grevant le spirituel, avaient fondé le couvent et l'hospice du faubourg Saint-Jacques.

De plus, on voyait figurer au passif temporel de la communauté 10,724 livres 7 sols,

non compris un mémoire de maçon, présenté
plus tard, qui s'éleva à. . . . . 1,326 liv.
Dû à Carenson, marchand de vin. . 4,862
— à Huré, boucher. 1,688
— à Cadet, épicier.   655   19 s.
— à Marchand, menuisier.. . . . 1,800
— au chandelier.   262
— à Baudry, peintre en bâtiments. .   416   9
— au marchand de bois.   657
— au paveur.   122   17
— au frère Modeste, *procureur*. . . 1,260   2
                              ————————————
                    Total. 12,050 liv. 7 s.

On devait, il est vrai, 7,429 livres à la communauté, laquelle ne parlait que pour mémoire, dans ses comptes, de recouvrements
aux Antilles, dont les titres lui avaient été
légués par Eleuthère de Tours, religieux du
couvent, mort en 1786 : créance dont on dé-
sespérait. Il y avait en cave une provision de
vin évaluée 1,495 livres. Le catalogue de la
bibliothèque, ajouté au bilan, portait encore
le nombre de ses volumes à 2,740.

Les religieux n'étaient pas plus de douze,
à cette époque : Pierre-Charles Boilot, âgé de
65 ans; Jacques Feutrey, 59; Étienne Opoix,
59; Silvain Pecqueur, 62; Martin Desprez,
57; Gabriel Fallet, 57; Pierre-Henri Deses-
sart, 57; Jacques-Joseph Biache, 53; Jean-Foy
Cattin, 52; François-Joseph-Émilien Seigneur,

47 ; Dominique-Louis Bliche, 43 ; Jean-François Varlet, 33. Bliche quitta la maison à la fin du mois de mars 1790, et Biache le 11 août. Les scellés ne furent apposés que le 9 décembre, même année, conformément aux résolutions prises par les comités réunis des biens nationaux et des affaires ecclésiastiques, le 19 du mois précédent. Le procès-verbal dit : *Nous, Jean-François Leroux et André Rousseau, officiers municipaux de la ville de Paris, commis par le corps municipal, autorisés à faire fonctions de Directoire du département, nous sommes transportés, accompagnés de MM. François Avrillon et Louis-Joseph Catoire, huissiers commissaires-priseurs et vendeurs de biens meubles au département de la Seine, etc.* Les commissaires et huissiers sont montés dans une chambre, ayant vue sur un potager ; ils ont été reçus par Martin Desprez, qui a prêté serment entre leurs mains de représenter les objets qui étaient confiés à sa garde.

Les questions d'indemnités furent soulevées et tranchées pour les ci-devant capucins, comme pour tous les religieux des monastères supprimés. Il existe toutefois, sur les anciens registres de l'église Saint-Louis d'Antin, des actes de baptême et de mariage datés de 1792.

La République fit du monastère un hospice de vénériens. Des épigrammes révolutionnaires ne manquèrent pas d'insinuer que la transition n'avait rien de trop brusque, et que déjà le suc dépuré des fruits cuits avait été utilisé, comme médicament anti-syphilitique dans les cellules de la capucinière. Laffecteur, en perfectionnant cette recette, composait en effet son rob, remède autorisé par le gouvernement avant la Révolution, et dont le bureau de vente, par parenthèse, était fort bien placé dans la rue de Bondy, c'est-à-dire derrière l'Opéra et à quelques pas du Vauxhall. La Convention dut regretter que le rob, en tant que découverte, remontât à l'ancien régime; elle en préconisa l'usage avec chaleur, le 21 brumaire an III, le 3 brumaire an IV. Laffecteur, qui de la rue de Bondy avait été rue d'Angoulême-du-Temple, transféra son bureau dans une des dépendances de l'ex-couvent des Petits-Augustins. Les capucins de la rue Sainte-Croix n'eurent pas longtemps pour successeurs les malades atteints du mal syphilitique ; mais l'ancienne maison conventuelle du faubourg Saint-Jacques avait été englobée par l'hospice consacré spécialement, depuis 1784, au traitement des mêmes affections. Le déversoir de la Chaussée-d'Antin ne recevait qu'à titre provisoire le trop-plein d'un établissement, qui de nos jours encore est surnommé hospice des Capucins. On dit communément, en parlant du docteur Ricord, qu'il est le chirurgien en chef des Capucins. N'allons pas jusqu'à croire, par malveillance rétrospective, que cette synonymie malencontreuse ait eu quelque autre raison d'être avant la suppression des communautés religieuses !

Les malades évacués sur l'hospice du faubourg Saint-Jacques avaient laissé dans un piteux état la succursale de la rue Sainte-Croix. La contagion de la malpropreté avait tout marqué de sa lèpre. La principale entrée présentait à gravir des marches écornées. Pas une colonne qui, à hauteur d'homme, ne fût criblée d'inscriptions à gratter ! Tous ceux qui pénétraient plus avant se tachaient, rien qu'à frôler la rampe de l'escalier, et s'ils ne craignaient pas de trébucher dans des chambres décarrelées, au seuil desquelles reculait le balai, ils en étaient bientôt chassés par des miasmes invétérés, qui rappelaient toutes les infirmités. Portes et fenêtres avaient beau être ouvertes, l'air n'entrait plus. L'administration des biens nationaux casa pourtant des locataires dans ce galetas monumental. Payaient-ils ? ne payaient-ils pas ? Tant s'en fallait, dans tous les cas, que leurs mobiliers répondîssent des loyers. Ces nouveaux habitants aimaient à faire des trous partout où ils trouvaient des taches : ils étaient donc de vrais républicains. La dégradation continua de plus belle. Plusieurs citoyens locataires se trouvaient tellement bien des conditions du bail qu'ils firent la sourde oreille quand on les engagea à s'en aller ; il fallut employer la force pour en purger tout à fait l'édifice, au moment de le restaurer, au moment de convertir en lycée l'ancien monastère.

Quant à l'église des pères capucins, elle est restée de fait la chapelle du Lycée, tout en devenant paroissiale. Leur origine est une, comme construction. L'église occupe un des deux pavillons du monument, et elle est décorée d'une peinture à fresque de Giblin, *Saint François en prédication,* ainsi que d'un tableau de Gassier, *Saint Louis visitant ses soldats malades de la peste.* Un autre souvenir bien cher à la paroisse n'est pas étranger au Collége. L'an XIII, l'abbé Bonier étant curé, Pie VII fut invité par M. de Caulaincourt, président de la fabrique, à honorer Saint-Louis d'Antin de sa visite. Le saint père voulut bien se rendre à cet appel le dimanche 23 ventôse an XIII, autrement dit le 13 janvier 1805. C'était aussi une fête pour le Lycée, ouvert deux mois auparavant. On entra avec des billets, à cause de la petite étendue de l'église : tous les élèves en avaient reçu. Le 14 juillet, même année, l'empereur fit don à la paroisse de 2,030 francs pour acheter des vases sacrés qui manquaient à la sacristie. Au commencement de chaque année scolaire, le proviseur fait célébrer une messe du Saint-Esprit; ce jour-là il amène un prédicateur de son choix, étranger à Saint-Louis d'Antin. Enfin, de notre temps encore, les jours de fête, grâce à une porte latérale, les fidèles évacuent l'église par le Collége.

Ambos una fides auferet, una dies.
(PROPERCE.)

LE DERNIER DES RECTEURS DE L'ANCIENNE UNIVERSITÉ, PREMIER PROVISEUR DU LYCÉE. — La Convention avait prononcé, le 15 septembre 1793, l'abolition de tous les colléges de plein exercice et des facultés. Le Prytanée français, élevé sur les ruines du collége Louis-le-Grand, fut appelé Collége-Égalité, puis Institut central des boursiers du collége ci-devant Égalité ; c'était encore le seul collége ouvert, à l'avénement du Directoire. Il s'en fallait même que toutes les bourses de l'ancien collége fussent remplies. La plupart des boursiers présents, se destinant à différentes carrières, prenaient des leçons particulières, au lieu de suivre des cours réguliers. Quelques-uns, engagés comme volontaires sous les drapeaux, recevaient dans les camps une allocation entièrement détournée de sa destination, c'est-à-dire l'argent de leur bourse. Qu'elle était déjà loin l'époque où trente fondations différentes alimentaient tant bien que mal le principal et les boursiers de trente établissements destinés à l'instruction, avec plein exercice ou sans! Le parlement, dès le règne de Louis XV, avait eu d'assez bonnes raisons pour réunir à Louis-le-Grand nombre de petits colléges, institutions modestes, mais qu'il eût été difficile à la Révolution de fermer tout à fait. L'unité de la suppression n'était-elle pas toutefois un châtiment pour l'université de Paris, qui avait absorbé des institutions libres, au lieu de les maintenir isolément inviolables sous sa sauvegarde? L'ancienne monarchie elle-même, après avoir épuisé toutes ses forces à vaincre la féodalité, aurait voulu l'avoir à ses côtés, en face de la Révolution. Il y a plus encore émulation que lutte, quand le pouvoir est divisé; l'anarchie et la tyrannie sont toutes seules à se faire contrepoids, à se menacer d'alternatives, en érigeant la haine en un devoir sacré, quand la force dit : Je veux, au lieu de : Nous voulons. Ce *nous* oblige.

René Binet avait été maître de rhétorique

au collége du Plessis, dès 1770 ; postérieurement élu recteur, il avait été le dernier à
remplir les fonctions de chef de l'ancienne
université, avec le titre de vice-recteur, en
1791 et 1792. Faute de collége, il avait con-
tinué ses leçons dans une pension créée derrière le Panthéon par son élève Joseph Planche, ci-devant maître à Sainte-Barbe : cette
pension, passée entre les mains de Parmentier
et de l'abbé Nicolle, est devenue avec le temps
collége Rollin, après avoir repris officiellement le titre de collége de Sainte-Barbe. Les
écoles centrales s'organisant enfin pendant le
Directoire, Paris en compta trois. Dans celle
du Panthéon, une chaire échut à Binet ; il
prononça, 1ᵉʳ brumaire an VII, le discours de
rentrée des écoles centrales.

Fourcroi, successeur de Chaptal comme
directeur-général de l'Instruction publique,
pensa également au ci-devant recteur en je-
tant les bases de l'Université de France. Un
décret signé *Bonaparte*, contresigné *Maret*,
s'exprima en ces termes :

« Saint-Cloud, le 23 fructidor an XI. — Le gouvernement de la République, sur le rapport du ministre
de l'intérieur, arrête ce qui suit : Art. 1ᵉʳ. Dans le
cours de l'an XIII, il sera établi à Paris trois nouveaux lycées à la place des trois écoles centrales ac-
tuelles ; dont les exercices continueront pendant
l'an XII. Le premier de ces lycées sera substitué à

l'école centrale du Panthéon; le deuxième, à l'école centrale de la rue Saint-Antoine, et le troisième sera placé dans le local des capucins de la Chaussée-d'Antin. 2° Les lycées de la rue Saint-Antoine et de la Chaussée-d'Antin n'auront provisoirement que des élèves externes. 3° Les trois écoles centrales de Paris seront fermées à dater du 1er vendémiaire an XIII.

Un autre article ordonnait, pour l'avenir, le concours annuel des quatre lycées de Paris. Comme tel allait compter le Prytanée-Français, dont les élèves suivaient alors des cours à l'école des Quatre-Nations, et n'aurait-il pas dérogé en reprenant son nom de Louis-le-Grand avant d'avoir récupéré la plénitude d'exercice? L'institution du concours général remontait à l'année 1749, et les écoles centrales en avaient fait revivre à leur profit la tradition. La distribution des prix du grand concours avait déjà eu lieu pendant le consulat, à l'Oratoire, rue Saint-Honoré. Le préfet de la Seine était chargé, quant à l'établissement créé rue Sainte-Croix par le premier consul, de faire mettre le local en état dans le délai fixé par le décret. Binet fut nommé proviseur de ce lycée, qu'on appela d'abord, par assimilation superficielle, école de la Chaussée-d'Antin. Le fondateur, afin de confirmer la qualification prescrite par son ordre, la fit bientôt suivre de son nom.

La carrière de l'enseignement fût-elle jamais suivie avec plus de persévérance que par le traducteur d'Horace et de Virgile, mis à la tête du Lycée? La grande révolution n'avait pas même interrompu le cours des leçons données par Binet. Les travaux littéraires avaient été la seule récréation de sa vie et de son foyer. Effectivement, il ne dédaignait pas, alors qu'il traduisait Virgile, de prendre l'avis de sa femme et de sa servante, tous les soirs, en leur lisant ce qu'il avait écrit dans la journée.— Êtes-vous contentes, leur demandait-il? — Oui, répondaient les juges en cornettes.— Moi aussi, reprenait Binet; nous pouvons aller nous coucher.

Le proviseur mourut octogénaire et, à son poste, le 31 octobre 1812. Beaucoup de ses anciens élèves se joignirent aux élèves nouveaux pour lui rendre les derniers devoirs. Le bibliophile Boulard et Legrand, censeur au Lycée, prirent la parole au cimetière Montmartre. Une souscription fit les frais du monument élevé sur la tombe.

SUITE DES PROVISEURS. — La survivance de Binet fut donnée à Chambry, qui avait profité des leçons de ce maître, en faisant ses humanités à Sainte-Barbe, quand Sainte-Barbe relevait du Plessis. M. Chambry revenait à Paris, après avoir été professeur et

puis proviseur à Bruxelles, alors ville française. C'était un gros et petit homme, dont le
tempérament sanguin devint bilieux dans
l'exercice de ses fonctions. Tôt ou tard, la vie
de collége n'amène-t-elle pas ce résultat ?
Trop de feu appelle la cendre, et la poussière
des bancs monte à la face, couche plus te-
nace que la poudre d'iris. Un portrait de
M. Chambry le représentait frais et rose ; on
reprochait plaisamment au modèle d'avoir
passé le Rubicon.

Un jour, à l'heure de la classe, M. Planche,
professeur de rhétorique, manque à l'appel,
bien qu'il n'ait pas fait prévoir cette absence
par un avis adressé au censeur. M. Chambyr
s'oppose formellement à ce qu'on aille relan-
cer en ville un des remplaçants ordinaires, et
il préfère monter, pour cette fois, dans la
chaire de M. Planche. Comme il ignore entièrement quels devoirs sont à corriger,
quelles leçons à réciter, il descend de son appartement avec une liasse d'essais littéraires,
remontant à l'époque où il était lui-même
élève de rhétorique. On voit avec anxiété se
développer un rouleau, qui annonce deux
heures de lecture suivie, et chacun se promet
d'abord de n'écouter que d'une oreille. Un
moment après, quelle surprise ! on suppose au
dehors que M. Planche raconte des anecdotes

à ses élèves, qui ne se sont jamais tant amu-
sés : des applaudissements et des rires, qui
se succèdent par saccades, comme la ritour-
nelle d'une chanson sans fin, font écho dans
les autres classes et troublent jusqu'au re-
cueillement des fidèles dans l'église voisine.
Les fenêtres de Saint-Louis d'Antin sur l'ancien cloître, ne sont-elles pas ouvertes? En
pareil cas, l'imagination donne une finesse
extrême à l'ouïe de plus d'un collégien : d'au-
cuns croient entendre les aveux et surpren-
dre les péchés mignons de pénitentes du
même âge, agenouillées dans les confession-
naux. D'invisibles chérubins qui veillent par
bonheur sur la solidité du mur sont des an-
ges, et ils ferment les yeux sur de telles illusions, trop gratuites pour être profanes, et
moins à craindre que les témérités du Ché-
rubin de Beaumarchais. Quant à **M.** Chambry,
il joue avec le feu, en lisant aux rhétoriciens des petits vers de sa composition; il
n'a jamais rencontré d'auditoire plus indul-
gent pour les larcins qu'il y fait commettre à
l'amour. Ces *Egléides*, une œuvre de jeunesse, cueillent plus de baisers, effeuillent
plus de roses, écartent plus d'épines, foulent
plus d'herbe tendre que n'en saurait rêver
l'école buissonnière de l'imagination. Le
proviseur a hésité à tourner le premier feuil-

let ; maints détails oubliés lui ont fait regretter de ne pas avoir déroulé une autre liasse de souvenirs ; mais le poëte réveillé, rajeuni et enivré par l'attention que l'on prête à ses vers, perd de vue un moment les motifs qui l'ont empêché de les livrer à l'impression.

Les honneurs de la reproduction en brochure ont été également refusés, avant que M. Chambry fût proviseur, à la nomenclature des prix et accessits annuellement décernés au Lycée. L'année 1813 comble cette lacune ; mais les exemplaires du livret se tirent deux fois aux frais des professeurs, qui se cotisent pour y subvenir ; l'impression ne passe à la charge du ministère de l'Instruction publique qu'à la Restauration.

En 1814, M. Chambry ne change pas de position. Le revirement militaire des Cent-Jours lui donne un peu plus d'inquiétude. On demande un nouveau serment de fidélité politique à tous les fonctionnaires de l'enseignement, et la plupart le prêtent : un prêt n'est pas un don. Mais, jouissant de 4,000 livres de rente et pouvant faire valoir ses droits à la retraite, M. Chambry refuse de s'engager ; cette ligne de conduite est suivie par M. Rendu, économe au même collége. Le ministre Carnot, le grand-maître Fontanes, n'ont pas les premiers à connaître de cette détermination, portée directement à la connaissance de Lebrun , président du conseil de l'Instruction publique ; deux inspecteurs de l'académie de Paris sont chargés de faire un rapport sur les états de service de Chambry et de Rendu, et, ce rapport étant très-favorable, Lebrun ne prononce pas de destitution. La seconde Restauration transforme de nouveau le lycée impérial Bonaparte en collége royal de Bourbon, et la cloche, de nouveau, est substituée au tambour. Au milieu des grands événements qui se sont suivis de si près, les élèves n'ont fait qu'une perte sèche, celle d'une distribution de prix.

Jusque-là, un crieur rendait l'entrée en classe encore plus bruyante que le tambour ne la faisait, en annonçant d'une voix de stentor tous les maîtres l'un après l'autre, à mesure qu'ils sortaient en robes du vestiaire. Le proviseur supprime cet appel, comme inutile, après celui de la cloche. Les allées et venues, les conversations et les rires font déjà bien assez de bruit dans la cour et dans la galerie. Quand des disputes s'y élèvent, c'est à ne plus s'entendre. Par exemple, le lendemain du jour où les classes ont vaqué à l'occasion de l'assassinat et des obsèques du duc de Berry, il y a alerte au Collége. Un

chevalier de Saint-Louis, attaché à la pension
de M. de la Chauvinière, se prend de
querelle au pied d'une colonne avec Lefébure de Saint-Maur, plus tard avoué, alors
élève de la pension Boismont. Des camarades
se saisissent du maître, celui-ci est roué de
coups. Il y a donc plusieurs coupables ; pourtant un seul élève, sans attendre qu'on l'ac-
cuse, se déclare auteur du méfait, et il a nom
Bunel. Son père, receveur-général, ne tarde
pas à venir prendre M. Muron, chez lequel ses
deux fils sont en pension, et à se rendre chez
M. Chambry, pour prendre la défense de
l'imprudent qui voudrait assumer, par excès
de générosité, toute la responsabilité d'un
acte dont les auteurs étaient nombreux. Le
proviseur reconnaît que Bunel ne doit pas être
le principal coupable ; malheureusement un
rapport officiel, qu'a déjà fait un inspecteur à
l'abbé Nicolle, le recteur, ne laisse plus Chambry maître de couper court aux conséquences d'un aveu formel. M. Bunel père cherche
donc à s'appuyer, à l'Université, sur Cuvier,
près duquel intercède son ami, le colonel de
Braque ; mademoiselle Mars elle-même, maîtresse de ce dernier, risque une démarche en
faveur du jeune homme : le tout en vain.
Bunel est exclu du Collége. Plus tard, on apprend que cet élève n'a pas même trempé

dans la faute dont il a seul porté la peine, mais qu'il a voulu se soustraire, par un ingénieux moyen, à l'ennui de finir ses classes.

M. Legrand, censeur, fut nommé proviseur après M. Chambry. Un fâcheux surnom lui venait de ce qu'il avait fait représenter *Cassandre*. Une autre tragédie du même auteur, mais qui avait été mal accueillie, sous le titre de *Rômulus*, commençait par ce vers :

O Rémus, dominez sur les remparts de Rome.

— *Oremus, Dómine !* avait répété le parterre.

M. Legrand avait une dévotion que la plupart des pions tournaient en ridicule ; il était dans les meilleurs termes avec M. Suquet de la Tour, curé de Saint-Louis d'Antin. Quand on voyait passer sa longue redingote blanche, et quand on entendait craquer ses souliers à boucles, pendant la classe du matin, c'est qu'il se rendait à la messe. Sa grosse tête était portée avec une noblesse dont l'expression était rendue paterne par des regards remplis de bienveillance ; ses cheveux gris paraissaient familiarisés avec le fer à papillotes ; ses mains blanches à fossettes étaient d'un patricien. Ce proviseur passait, toutefois, pour affligé d'un caractère trop enclin aux emportements. Il mit une fois la main sur le collet d'un pion, qui l'avait appelé tartuffe. Cet homme avait servi, portait la croix d'honneur ; il répliqua par un soufflet, que lui rendit M. Legrand, et il fallut les séparer. Le proviseur était trop bien en cour, pour que l'opposition ne mît pas les premiers torts de de son côté. L'ancien soldat était bonapartiste.

On se trompe si l'on croit qu'en ce temps-là les opinions de l'Université se ressentissent généralement de son origine impériale. Royer-Collard avait fait diversion, en arborant le drapeau libéral à la tête du corps enseignant, qui depuis lors est resté centre-gauche. Les membres les plus distingués de ce grand corps doivent tout au concours, à la comparaison, à la discussion, et la base de l'élévation par la faveur est, au contraire, le silence complaisant, l'obéissance à discrétion et le service quand même. Le régime parlementaire n'a donc rien que de sympathique, en général, à l'Université. Mais elle fera toujours de l'opposition à l'influence cléricale, quel que soit le gouvernement qui la subisse ou qui l'exploite. Périsse plutôt le principe de la liberté absolue, que de servir de sauvegarde à la liberté d'enseignement ! M. Legrand, par exception, était resté du centre-droit, et le Collége avait fêté la naissance du duc de Bordeaux, en composant 30 odes sur ce sujet.

Plusieurs des auteurs de ces vers se sont faits chefs de barricade pendant les trois journées d'une révolution qui condamnait le dauphin à l'exil. Le proviseur mis à la retraite, a emporté la cloche dans ses bagages, et puis il a fixé ses jours à Avallon. Le tambour a battu aux champs pour saluer un jeune proviseur, **M.** Alexandre. Un changement de gouvernement pour l'Etat et pour le Collége n'a reculé, en somme, que de quinze jours la distribution des prix. Sur l'estrade, **M.** Alexandre était assis près de **M.** Duchayla et de l'abbé Guillon, anciens professeurs du Lycée. **M.** Raynaud, prononçant un discours fait avant la révolution, y ajoutait :

« Sous le règne des lois les services seront désormais mieux récompensés. »

D'autres questions, il est vrai, dans lesquelles la politique n'entrait pas, préoccupaient tous les meilleurs esprits, principalement au collége de Bourbon. Les agitations du romantisme y passionnèrent la jeunesse plus vivement que le drapeau rouge des attroupements et des émeutes de 1832, de 1834. Les professeurs, bon ou mal-gré, faisaient des concessions

à la nouvelle école, et quant aux remplaçants,
sous peine d'être sifflés, ils devaient suivre
eux-mêmes un cours de romantisme en faisant lire à haute voix et commenter Lamartine au lieu de Virgile, Victor Hugo au lieu
d'Homère, et Alfred de Musset au lieu d'Horace. L'effervescence des idées littéraires est
toujours bonne à quelque chose, au point de
vue de l'instruction. Toutefois les deux Nisard luttaient au premier rang contre les en-
vahissements'd'une littérature facile, mauvaise
queue de la nouvelle école. Le membre actuel de l'Académie française avait déjà pour
collaborateur, comme tràducteur des classiques, son frère, d'abord remplaçant, ensuite
professeur de troisième et de rhétorique à
Bourbon. Ce frère s'exprimait ainsi à l'expi-
ration d'une année scolaire :

« Il ne faut pas se le dissimuler, messieurs, notre
solitude est sinon forcée, du moins grandement me-
nacée, par les théories du dehors. On parle tant aujourd'hui, et d'une façon si peu discrète, de la longue
servitude intellectuelle dans laquelle nous tenons les
jeunes gens de nos écoles! Si nous nous montrons ac-
commodants sur les points principaux, adieu le terme
de toute comparaison! Si nous devenons tièdes, l'élève
se glace. Il n'y a pas ici deux types différents de per-
fection, deux arts ennemis et condamnés à l'absurde
l'un par l'autre. »

De l'helléniste M. Alexandre, ne se rappelle-t-on pas la taille haute, en rapport avec le format et le mérite de ses dictionnaires? Elève de la pension Parmentier, maintenant collége Rollin, puis élève de l'Ecole normale, de bonne heure il a préludé par des succès de favorable augure aux travaux qui l'ont fait asseoir à l'Institut. Après un court séjour dans les départements, il a été pourvu d'une chaire de rhétorique à Saint-Louis, dès la fondation de ce collége, c'est-à-dire en 1820, et dans sa trente-troisième année il est devenu proviseur, en 1840 inspecteur général des études. Les tournées d'inspection de M. Alexandre nous ont valu plusieurs fois le plaisir de le rencontrer en voyage, et c'est encore à tous égards un excellent modèle, même pour la sculpture. Son buste est dû au marbre de Paros.

Successeur d'Alexandre, Bouillet. Cet ancien élève de Sainte-Barbe-Delanneau et de l'Ecole normale avait suivi avec prédilection les leçons de MM. de Cardaillac, Cousin et Jouffroy. En 1821, il avait été appelé à Sainte-Barbe-Nicolle, autrement dit Rollin, puis à Saint-Louis, à Charlemagne, à Henri IV. Les huit années pendant lesquelles M. Bouillet a présidé aux destinées du collége Bourbon, marquent dans les annales de cet établisse-

ment. Jamais le nombre des élèves n'avait
suivi une marche plus ascendante, et il n'en
était pas différemment pour le niveau des
succès au concours, que M. Alexandre avait
élevé déjà. Que si les bâtiments furent alors
augmentés, afin de répondre à des besoins ac-
crus, il y eut perte pour le proviseur d'une
grande partie du beau jardin, planté avant
tout arbre de liberté, qui fit place à la rue du
Havre. Le bon ordre réclamait que le Collége
eût une entrée de plus ; aussi bien les fonds ob-
tenus permettaient d'établir des classes nouvelles et un cabinet de physique. M. de Salvandy appela en 1846 M. Bouillet à faire
partie de ce conseil de l'Université qu'il réorga-
nisait : M. Bouillet avait bien mérité. C'est au
surplus un philosophe, un homme instruit,
actif, ingénieux, énergique, dont le visage
rappelle celui de Socrate. J'aime à croire
pourtant qu'aucun de ses disciples ne lui pré-
senterait la ciguë.

Déjà le romantisme paraissait désarmé.
Les délices du roman-feuilleton, Capoue de
cet autre Annibal, eussent laissé tout le temps
aux classiques de ravitailler leurs places for-
tes. Précaution inutile ! on était las d'une
guerre où les preux morts se relevaient tou-
ours pour se mêler aux combats des vivants.
Sainte-Beuve, quand le clairon cessa de reten-

tir, tira de sa poche un scalpel, pour faire l'autopsie des cadavres qui jonchaient la littérature depuis la Renaissance jusqu'à nos jours : champ de bataille réduit aux proportions d'un cabinet d'anatomie ! Ceux qui succédaient à Sainte-Beuve sur les bancs du collége Bourbon, avaient arboré les couleurs d'une révolution littéraire qui exaltait Ronsard aux dépens de Malherbe, Corneille aux dépens de Racine, Molière aux dépens de Boileau : la jeunesse resta froide une fois que l'engagement dégénéra en dissection. L'heureux M. Bouillet, pour lequel la tempête se changeait en bonace, poussa la quiétude jusqu'à tout oublier des dissensions de la littérature. Aussi, dans un de ses dictionnaires, parla-t-il avec bonhomie d'un drame proclamé chef-d'œuvre par les uns, par les autres monstruosité : la *Marion Delorme* de Victor Hugo était enfin considérée comme une pièce intéressante, ni plus ni moins qu'un drame de M. Dennery ! Quel calme dans cette appréciation, et quelle sérénité conciliatrice !

M. Rossi, plus tard assassiné par les démocrates italiens, assiste officiellement à la solennité annuelle de 1842 ; il y parle en termes touchants d'une mort inopinée, mais que n'a souillé aucune main, de la mort du duc d'Orléans. **Puis M. Landois,** professeur, re-

vient sur cet événement, dans son discours,
et il a bien raison d'y voir le plus grand malheur qui pût arriver à la France. En 1846, reparaît M. Alexandre, pour couronner des
rhétoriciens qu'il a connus élèves de sixième.
La parole est donnée cette fois à M. Durand ;
ce professeur de rhétorique récommande l'é-
tude de la philosophie et de l'histoire, comme
le seul flambeau propre à servir de guide au
milieu des ténèbres qu'annoncent, dit-il, des
nuages à l'horizon.

Irrita verorum non sunt præsagia vatum!

L'avenir est gros d'orages. Bien hardi pourtant le prophète qui devinerait tous les événements de 1848 ! La révolution de Juillet a profité assurément à un nombre plus ou moins
grand de ses auteurs ; celle de Février sera aussi
odieuse à tous ceux qui la laissent faire, qu'i-
nutile à ceux qui la font. Un des professeurs
du Collége, M. Courtaud-Divernéresse, a protesté contre les conséquences de la première ;
il espère tout de la seconde. Comparons donc
les avantages qu'il aura tirés de l'une et de
l'autre.

De longue date fonctionnaire de l'instruction publique, M. Courtaud a adhéré en février 1831 à l'acte de fédération, dans les colonnes du *National,* par une signature que

M. Villemain, ministre, l'a engagé à retirer.
Mais le républicain reparaissait toujours, et il
faisait ostentation de ses opinions hostiles au
pouvoir, non-seulement à titre d'électeur, de
juré, de garde national, mais encore dans ses
relations professionnelles. Combien de temps
toléra-t-on qu'il se livrât à une propagande
dont les tendances lui faisaient un devoir de
donner sa démission! Il répugnait de briser
la carrière d'un membre du corps enseignant,
que ses travers démocratiques n'empêchaient
pas d'être un homme de mérite, auteur d'un
dictionnaire et d'une grammaire, traducteur
de Juvénal, de Perse, de Lucain et de Sul-
picia. On finit par lui imposer tout simple-
ment un congé provisoire, titre et traitement
conservés. La révolution de 1848, après laquelle M. Courtaud a si tendrement soupiré,
oublie qu'il a été censeur-adjoint à Charlemagne, professeur de seconde à Louis-le-
Grand, et que M. de Salvandy lui a presque
promis une chaire de rhétorique : M. Carnot
ne l'élève pas au-dessus de la sixième, son
dernier poste sous la monarchie. Par exemple,
on fait miroiter à ses yeux, comme une espérance, la place de M. Bouillet. La mésintel-
ligence n'est pas d'hier entre le proviseur et
le professeur. Celui-ci ne s'est pas gêné pour
dire à celui-là : — Monsieur, le *Dictionnaire*

d'histoire et de géographie que vous avez signé, il est fait de toutes mains. — Votre *Dictionnaire français-grec* n'est qu'un long con-
tresens, a répondu Trissotin à Vadius.

Le 12 mars, un dimanche, en l'absence de
M. Bouillet, un certain nombre d'élèves qui
se sont recrutés dans les hautes classes, fran-
chissent la porte du Lycée, et s'y emparent
du drapeau. Une manifestation préméditée
s'organise place de la Madeleine, non loin du
domicile de M. Courtaud-Divernéresse, et,
sous prétexte d'obtenir la suppression de la
cosmographie dans le programme du bac-
calauréat, on se rend à l'Hôtel-de-Ville : les
rois du moment sont salués. Après quoi le
drapeau, comme s'il venait d'être bénit, est
rapporté fièrement par la députation.

Heureusement le proviseur, tout en faisant
la part des circonstances, sait ce que peut
coûter à son collége, essentiellement bourgeois, l'impunité complète d'une démonstration tout aussi ridicule que révolutionnaire. C'est lui, M. Bouillet, qui s'oppose vers
la même époque à ce que des héros en go-
guette plantent leur peuplier dans la cour du
Lycée ; c'est lui aussi qui obtient de M. Carnot de rétablir le nom de lycée Bonaparte,
au lieu de celui de Chaptal, qui n'a aucun
rapport avec l'histoire de l'établissement, et

que pourtant on lui a conféré le 25 février. Il n'est pas étonnant que le même proviseur, le 13 mars, à 9 heures, ait fait appeler deux élèves et les ait renvoyés de leur classe pour huit jours : ils étaient en philosophie, classe de M. Jourdain, professeur qui depuis a été secrétaire de M. de Falloux, ministre de l'Instruction publique.

Cependant, sur la voie publique, les processions patriotiques du même genre se multiplient et font passer le temps à des gens fort en peine de s'expliquer les causes par les effets. Toutes ces députations ont une soif d'éclaircissements qui les fait remonter à la source de proclamations irritantes, et les autorités improvisées qui les reçoivent sont encore plus altérées de nouvelles. La révolution de Février n'a pas trouvé tout de suite sa raison d'être ; elle se dit révolution sociale pour faire peur à tout le monde, en attendant meilleur avis. C'est pourquoi au Lycée, dans quelques mauvaises têtes, le désordre s'organise aussi ; la légèreté de quelques autres fait nombre, et un parti menace de s'opposer à la réaction du travail, à la restauration de la discipline. On forge des calomnies pour armes, on glisse des anecdotes licencieuses pour mots d'ordre, et on pose la candidature, comme proviseur, d'un des fondateurs de la *Tribune*,

M. Bascans. On reproche à M. Bouillet, que
ne va-t-on chercher ! ses constructions, cependant si utiles ; la terrasse, qui fait de
son appartement une habitation de verre,
comme celle du sage ; ses bains, comme étant
pris trop chauds ; ses goûts, qui sont d'un
homme du monde ; sa femme, qui est jolie ;
sa famille, grandissant à peine, et ses relations avec M. Cousin, une des lumières de
l'Université et des conseils du roi déchu, en
philosophie chef d'école, maître encore en
littérature ! L'axiome qui mure la vie privée
n'est plus ! Les gros livres d'une utilité universelle et les éditions de Cicéron, de Sénè-
que, de Bacon, qui sont dus à M. Bouillet, ne
défendent pas mieux sa porte aux quolibets
d'un âge sans pitié. Le proviseur condamne
l'adhésion de ses élèves à la République :
haro sur ce réactionnaire ! Que l'homme
paye pour le proviseur ! Que sa place ne soit
plus tenable !

Pendant trois jours, dans le Collége, une
minorité impertinente refuse obéissance,
tape des pieds, crie, dégrade bancs et mu-
railles, et ne parle enfin de rien moins que
de brûler ce qu'elle n'a pas brisé. Accourt
M. Lesieur, chef du personnel de l'Université,
pendant qu'on va chercher des gardes mo-
biles, des gardes nationaux. Le censeur ne

répond d'apaiser la révolte qu'à la condition d'une amnistie. Le ministre va plus loin : une ordonnance révoque M. Bouillet. Le but est dépassé, non moins qu'au 24 février, et le Collége y perd un très-bon proviseur, que la majorité de ses élèves regrette. A ce prix, l'ordre est rétabli.

Une loyale susceptibilité empêche d'abord M. Legay, censeur, ci-devant professeur de seconde, d'accepter l'héritage vacant. M. Ragon, inspecteur-général, est appelé à remplir l'intérim : il a été longtemps maître de rhétorique au même lycée, après y avoir fait ses classes. L'embrasement socialiste, allumé après coup par la dernière révolution, ne peut s'éteindre que sous les flots de sang des journées de Juin. Déchirements cruels, victoire lamentable! Les exercices du Collége n'en reprennent pas moins leur cours ; on compose pour les prix. Aussi bien l'ère nouvelle commence chez nous, comme l'autre a fini, par un prix d'honneur au concours. M. Geoffroy-Saint-Hilaire, de l'Institut, fait aux élèves du Lycée cet aveu arraché par tant d'événements :

« Tout ce que la patrie a droit d'attendre de ses enfants, je ne sais désormais qu'une voix assez éloquente pour vous le dire ; écoutez-la, entendez-la : c'est la voix de vos cœurs. »

Le professeur Bénard, auteur d'un *Précis de Philosophie*, traducteur de Schelling et de Hegel, dit ensuite plus froidement :

« Tant que l'homme ne s'est pas replié sur lui-même, pour étudier les éléments constitutifs de son être, les principes et les tendances qui lui révèlent sa destinée, les moyens qui lui ont été donnés pour l'accomplir, il est incapable de faire un usage éclairé et légitime de sa liberté. » (*Ce qui ressemble assez à l'épigraphe de l'école stoïcienne :* Pour être libre, il faut être philosophe.)

Les vacances portant conseil, M. Legay est proviseur à l'époque de la rentrée, et M. Courtaud est censeur. Ce dernier et M. Bouillet, qui ne se tient pas pour battu, prolongent leur combat singulier, auquel peu de journaux demeurent étrangers, et l'ancien proviseur mis en disponibilité intente un procès universitaire au censeur, celui-ci ayant distribué, de son propre aveu, aux élèves, des brochures en réponse à un mot du *Corsaire*. Le conseil de l'Université prononce contre M. Courtaud la censure d'abord, et ensuite la réforme. Quoi de plus fugitif que la faveur, en temps de révolution! On a beau être nouveau venu dans un établissement public, un plus nouveau frappe toujours à la porte : tous les postes en vue sont des hôtelleries où l'on fait bien de coucher à la nuit. Et il ne faut s'en prendre ni à Dieu, ni au prince-président, ni à ceux qu'on remplace, ni à ceux qui remplacent, puisque la faute en est à tout le monde, dans le pays et dans le siècle où nous vivons. Combien y dure-t-elle, la popularité? Quel ministère est supporté sept ans, sans que sa chute soit une fête publique? Que de fois n'a-t-on pas, depuis un siècle, modifié l'exergue et l'effigie de la monnaie? Sait-on seulement pourquoi M. Legay, n'ayant qu'à peine son compte d'années de service pour la retraite, est soudain ravi au Lycée qu'il administre, et où il est entré comme professeur en 1830? Les uns verront dans l'arrêté du 4 octobre 1851, qui nomme proviseur du Lycée un inspecteur honoraire, M. Gros, et inspecteur de l'académie de la Seine M. Bouillet, une double réparation pour ce dernier.

D'autres se rappelleront que M. Giraud, avant d'être ministre pour la seconde fois, a fait au mois d'août une courte harangue dont M. Legay, peu satisfait, a essayé d'empêcher la reproduction dans le livret. Or, comme président de la fête scolaire, M. Giraud a fait remarquer aux condisciples de son fils que trop d'élèves se passent à présent d'humanités et de philosophie; que le désir immodéré d'arriver vite est une abdication de l'instruction; que la dissipation prématurée, la pré-

coce frivolité sont une insurrection perma-
nente qu'il faut étouffer ; qu'il convient de se
préparer à des luttes par malheur inévitables
par les plus rudes exercices de l'esprit, que
le génie français est éminemment littéraire,
et par conséquent menacé d'être à tout jamais compromis si l'enseignement paisible
et régulier des classes n'en ressuscite pas in-
cessamment les traditions, le caractère. Hé-
las ! quoi de plus vrai et de plus opportun que
les paroles du membre de la section perma-
nente du conseil de l'Instruction publique !
Mais il n'a pas craint d'ajouter que les classes
de grammaire ont mieux répondu en Sorbonne que les classes supérieures à ce qu'on
attendait du Collége. Le proviseur attribuait,
à part lui, la dépréciation générale, mais
peu sensible, subie par les études, aux dernières conquêtes de la liberté d'enseignement, considérées à l'Université comme un
empiétement inique ; mais il n'a pas eu qualité pour corriger le discours à l'épreuve.
L'examen préalable du contenu de la brochure annuelle est confié, depuis plusieurs
lustres, à l'inspecteur-général des études,
chargé de l'administration de l'académie de
Paris, sans l'approbation duquel il n'est rien
permis d'ajouter à la nomenclature des prix.
Les ciseaux de cette censure ont sans doute

taillé et rogné dans un discours de M. Orfila, dont l'impression n'a été que partielle, en 1845. Mais celui de M. Giraud a échappé aux mutilations, dans la brochure où se trouve également celui de Marguenin, ancien élève passé maître.

M. Gros, comme professeur, a quitté Saint-Louis pour Charlemagne, et Charlemagne pour Louis-le-Grand; il est reste rue Caumartin plus longtemps proviseur que son prédécesseur Legay. La mort lui a donné pour successeur son collègue de Louis-le-Grand, M. Forneron.

Les Censeurs. — Un triumvirat, composé du proviseur, du censeur et de l'économe, s'est toujours partagé le gouvernement du Collége. Mais ces autorités, dans le principe, étaient moins divisées, moins inégales, moins indépendantes l'une de l'autre. Les trois consuls délibéraient ensemble sur les mesures qu'il y avait à prendre, et l'avis du premier consul n'avait qu'une prépondérance dont l'avis contraire des deux autres pouvait appeler. Le censeur de la création se nommait Targe, petit homme à ailes de pigeon et à tricorne.

Le second fut Deguerle, auteur connu de poésies érotiques et d'un *Éloge des perruques*, bien qu'il ne les eût pas signés, et auteur de livres tout autres. Enfermé à l'Abbaye, il n'en fût pas sorti sans le dévouement du médecin de la prison, ancien élève comme lui de Montaigu, qui le fit évader. Professeur et préfet des études dans les prytanées de Compiègne, de Saint-Cyr et de Paris, il passa professeur de poésie à Bonaparte, dès la fondation, avant donc d'y remplir les fonctions de censeur, et il fut l'orateur des solennités du concours en 1807 et 1808 : ces grandes réunions avaient alors lieu rue Chantereine, dans la salle du théâtre Olympique, par conséquent près du Lycée. Deguerle, sous le Directoire, avait contribué à la rédaction du *Mémorial* avec Fontanes, qui se plaisait à dire du collaborateur, devenu son protégé : — Il a l'immortalité dans sa poche.... Il s'agissait d'une traduction de l'*Enéide*, que fit paraître un gendre de l'auteur, M. Héguin, également professeur ; mais elle n'a pas tenu tout ce que le grand-maître en promettait. M. Deguerle, en quittant le Collége, avait été nommé à la chaire d'éloquence française de la Faculté.

Lorsque M. Legrand fut élevé au grade de proviseur, il fut remplacé comme censeur par M. Clerc, qui avait occupé le même poste à Saint-Louis, et dont le nez était tellement fort que le reste de sa personne en paraissait le piédestal. **M.** Clerc avait également bon pied, bon œil ; bon pied surtout, et il en envoyait la preuve aux jeunes élèves qui lui faisaient des niches, qui se battaient, qui s'attroupaient, qui troublaient l'ordre dans la cour, et auxquels il donnait une chasse.

Les successeurs de Clerc furent **M.** Legay, ensuite proviseur ; **M.** Courtaud-Divernéresse, de qui nous avons déjà dit tout ce qui intéresse l'histoire du Lycée ; **M.** Auber, auquel sont dus une traduction en vers du Camoëns et un *Atlas grammatical des langues française, latine et grecque ;* **M.** Léon Feugères, littérateur, mort au Collége ; enfin **M.** Toussenel. naguère professeur d'histoire, dont le frère a écrit l'*Esprit des bêtes.*

Les économes. — Un nom remarquable ouvre la liste de ces officiers d'administration du Lycée. Lakanal, né dans le comté de Foix en 1762, a étudié chez les oratoriens. Son oncle, plus tard évêque constitutionnel de Pamiers, voulait le faire prêtre. Le neveu a quitté le séminaire, sans entrer dans les ordres, et il est devenu régent de rhétorique à Périgueux, à Bourges, maître de philosophie à Moulins ; il a pris le bonnet de docteur à Angers. Député à la Convention par le département de l'Ariége, puis membre du conseil des Cinq-Cents, Lakanal s'est montré partisan

de la Révolution ; néanmoins il a figuré parmi
les derniers défenseurs des institutions scien-
tifiques et littéraires de l'ancien régime, et il
a été des premiers à en ressusciter la tradition, que les ténèbres étouffaient ; il a donc
fait encore plus pour l'honneur de l'esprit hu-
main, que s'il était l'auteur d'un livre ou
d'une découverte mémorable. Pour beaucoup
il a contribué à la transformation du Jardin
des plantes, qu'on allait détruire, en Muséum
national d'histoire naturelle ; à la reconnaissance légale de la propriété littéraire ; à l'établissement de la télégraphie ; au rétablissement de l'enseignement primaire et de l'étude
des langues orientales ; à la fondation de l'É-
cole normale et du bureau des longitudes ; à
l'organisation des écoles centrales et à celle
de l'Institut, dont il a fait partie jusqu'à la
suppression de la classe des sciences morales
et politiques à laquelle il appartenait. M. Mi-
gnet n'a reproché à Lakanal, dans une notice
lue à l'Institut en 1857, que le vote du 17 janvier 1793 : « Vote ingrat envers cette grande
race des conquérants nationaux et des orga-
nisateurs populaires de la France, qui après
lui avoir donné l'unité territoriale la plus
forte, la législation civile la plus perfection-
née, lui reconnaissaient les droits les plus
étendus. » L'ancien conventionnel avait de-

mandé et obtenu une chaire à l'école centrale de la rue Saint-Antoine; il a été nommé au lycée Bonaparte procureur-gérant, c'est-à-dire économe, et il a quitté l'Université en 1809 pour devenir inspecteur-général des poids et mesures. Après les Cent-Jours, Lakanal a cherché refuge en Amérique; le gouvernement de la Louisiane lui a offert la présidence de son université. Grâce à la révolution de 1830, il est revenu en France quelques années après; il y a repris possession du fauteuil que lui conservait l'Académie des sciences morales et politiques, récemment rétablie. Maître oublié de ses anciens élèves, le vieillard n'a cessé de vivre que le 17 février 1845.

Ce procureur-gérant n'avait pas eu, comme l'économe actuel, près de 1,200 élèves à immatriculer sans numéros sur les registres du Lycée. On ne comptait encore, vers la fin de l'administration de Lakanal, que quinze élèves pour la seconde année d'humanités et douze pour la seconde de grammaire. Certaines classes n'avaient pas toujours eu les huit élèves présentables que chacune d'elles était appelée à faire participer aux compositions du concours général.

M. Armand Rendu, frère du baron Rendu, secrétaire général de la préfecture de la

Seine, frère aussi de M. Ambroise Rendu, de l'Université, qui signa si longtemps les diplômes de bachelier, n'habita jamais le Collége, bien qu'il y exerçât les fonctions d'économe depuis la retraite de M. Lakanal. Or l'économe n'a jamais à courir par lui-même chez les parents ou chez les maîtres de pension, pour la perception du droit universitaire : c'était heureux pour le frère des Rendu, qui n'avait qu'une seule jambe à son service.

A la mort de M. Rendu, un professeur, M. Garnier, présenta un jeune homme normand, nommé Lecointre, qui n'était pourtant pas plaideur, et qui tint au Collége les écritures. A l'intérim de l'économat il fut pourvu par M. Legrand, jusqu'à l'élévation définitive de M. Lecointre à ce poste. Il eut à inscrire un plus grand nombre d'élèves que son prédécesseur. La progression s'arrêta un moment, dans l'année scolaire qui suivit la révolution de Juillet, car le chiffre tomba tout à coup de 898 à 683. Il remonta dès 1832 à 780, et dix années après il s'élevait à 1056. Une calamité vint alors frapper l'administration du Collége. Lecointre avait fourni depuis longtemps un cautionnement, en raison de la place qu'il occupait; c'était, de plus, un honnête homme. Un nouveau règlement, applicable à tous les colléges, vint rendre les proviseurs solidairement responsables de la gestion des économes et les obliger à s'entendre dorénavant avec ceux-ci pour la présentation des comptes. En conséquence, M. Bouillet, le proviseur, en tête à tête avec M. Lecointre, annonça que pour obéir aux exigences d'une mesure générale, il devait se faire présenter le grand-livre. Mais le comptable prit pour un prétexte l'allégation d'un ordre collectif; sa probité farouche se révolta à l'idée du moindre soupçon, et la rougeur lui en mouta au front, avec une telle explosion d'indignation et de surprise, qu'une attaque d'apoplexie se déclara, prompte comme la foudre. Le pauvre homme ne s'en releva que pour donner des inquiétudes encore plus vives : il était fou. Il ne lui restait plus que le sentiment d'une honte, dont le fantôme lui conseillait la mort. Aucune faute, aucun mécompte n'avait justifié une crainte; aucune excuse, aucune explication ne réussissait à laver la flétrissure imaginaire d'une accusation impossible. Pour empêcher l'économe d'attenter à ses jours, le plus fort des garçons de classe était chargé de le veiller de près, sans le quitter d'une minute; mais quand Lecointre s'en apercevait, cette précaution elle-même, cette importunité, cette insistance, cette privation de liberté lui confirmait qu'on le croyait coupable, et la colère produisait une crise. Un de ces accès, le 9 mars, ayant mis en fuite le garçon, qui appelait ses camarades à l'aide pour retenir le furieux, celui-ci saisit une canne qu'on ne soupçonnait pas une canne à épée, et le Vatel des économes se traversa le corps avec la lame.

M. Pitay, agrégé depuis 1810, titulaire de sixième depuis 1841, fut nommé économe malgré M. Bouillet, malgré M. Thénard, malgré le chef comptable du ministère, et il devait cette victoire à la préexistence d'une ordonnance de M. Salvandy, réservant exclusivement toutes les places d'économe à de vieux professeurs. Pitay y compléta ses trente-huit années de service. Mais, qui n'étonna pas sa destitution, prononcée par M. Carnot? M. Jean Reynaud, membre de l'Assemblée constituante, soufflait alors le froid et le chaud au ministère de l'Instruction publique. L'économe disgracié trouvait que la pendule, qui avait marqué l'heure de sa retraite, avançait; il éleva des réclamations, non sans revendiquer la qualité de républicain de la veille; les professeurs signèrent une pétition en faveur d'un ancien collègue, dont ils ne voulaient pas se séparer. Le vétéran ne quitta pas

son collége, mais il n'y reprit pas ses fonctions. Une chambre et un salon modestes, supérieurs d'un étage à son ancien bureau
et de deux à son ancienne chaire, étaient
laissés à la disposition du bonhomme Pitay,
qui n'avait plus à se livrer qu'aux épigrammes, son travail favori : M. Carnot en eut sa
part.

Le successeur de M. Pitay est M. de Vissocq,
ancien notaire, plus ancien élève du Lycée.
Sur ses listes figurent 1,160 noms au-dessous
du millésime 1861 ; mais les listes de M. Pitay
en ont compté 1,220 pour 1845, année où
s'est le plus élevée la population des classes.

LES PROFESSEURS EN 1805. — **Belles-lettres** :
Dumouchel, *éloquence;* Deguerle, *poésie.*
Langues anciennes : Desfontaines et Guillon,
1re *et* 2e *classes;* Laya et Létendard, 3e *et* 4e; Hamoche, 5e *et* 6e. **Sciences** : Delacroix, *mathématiques transcendantes;* Brisson et Poinsot,
1re *et* 2e *classes ;* Barruel, 3· *et* 4e; Dergny et
Izarn, 5e *et* 6e.

D'autres maîtres, bien que leurs noms man-
quent dans le tableau ci-dessus présenté, ont
figuré parmi les professeurs à l'époque de
l'ouverture, ou dans les années subséquentes.
Par exemple, le physicien Petit, que Coulon,
inspecteur général chargé d'organiser les

lycées, n'a pas envoyé à Bonaparte, mais qui,
plus tard a fait partie du personnel de l'établissement; Marion, en chaire de seconde, et
puis d'histoire; Plainchet, inspecteur de
l'Université en sortant du Lycée.

M. Izarn, cité plus haut, était Béarnais, fils
d'un conventionnel et ami de Bernadotte. Il
se peut que le professeur Barruel ait été
l'abbé de ce nom, ancien aumônier de la princesse de Conti, collaborateur à l'*Année littéraire*, auteur d'un grand nombre de livres
où il se montrait l'adversaire des philosophes
du xviiie siècle, émigré de retour en France
avant la fondation du lycée Bonaparte, et ensuite chanoine honoraire de Notre-Dame.
M. Hamoche demeurait place du Panthéon, et
il y parlait grec avec sa fille. M. Desfontaines,
au contraire, habitait le Lycée, et il avait trois
filles : ses élèves ne croyaient-ils pas avoir
raison, trois fois raison, de le surnommer
père Loth?

M. POINSOT. — Il a été donné à ce savant
d'entrer en qualité d'élève à l'École polytechnique au moment de sa fondation, nivôse
an II, et de participer à l'ouverture du lycée
Bonaparte, comme professeur de mathématiques, l'an XIII, en vendémiaire. Ses vingt ans
étaient venus à point en 1795, et il a eu l'âge
requis pour le professorat justement en 1804.

En dehors de sa chaire et des heures de travail, c'était alors un muscadin, jouant de la guitare avec Galayes, et tournant assez galamment de petits vers à l'adresse de qui de droit. Mais il avait fait connaissance, dans le laboratoire de l'École, avec le général en chef de l'armée d'Italie, auquel des leçons de chimie étaient données par Bertholet. Le moyen qu'un homme de mérite reste obscur, avec un pareil condisciple! Poinsot a été nommé professeur d'analyse à l'École avant de quitter le Lycée, c'est-à-dire en 1809, et quatre années après il prenait possession du fauteuil de Lagrange, à l'Institut.

Le savant professeur, devenu examinateur, provoquait en 1816 la suppression de la chaire de mathématiques transcendantes dans les colléges. N'était-ce pas une faute que cette confiscation au profit d'une école à nombre limité d'élèves? En Allemagne et en Angleterre, de nombreux maîtres continuaient à faire leur cours de la partie mathématique de la physique, des calculs différentiel et intégral, de la théorie des fluides : pourquoi tenir la dragée haute, en France, aux mathématiques supérieures de Newton? Une classe accessoire par Faculté n'était pas suffisante pour cet enseignement.

Pair de France sous Louis-Philippe,

M. Poinsot a fini sénateur; toutes les places
que sa mort a permis de distribuer, avaient
été réunies si longtemps qu'on les croyait
inséparables. Des élèves qu'il avait formés un
petit nombre lui survivait. Du maître il reste
heureusement des volumes et des mémoires;
il n'a emporté le secret ni de ses *Recherches
sur l'analyse des sections angulaires*, ni de sa
Théorie de la rotation des corps.

M. Delacroix. — Le géomètre Delacroix,
dont le nom est célèbre, portait d'abord la
particule qu'on regarde comme nobiliaire;
seulement il ne séparait pas l'accessoire du
principal quand il donnait sa signature.
M. Deguerle, qui en faisait autant, passait
pour noble néanmoins. Delacroix, élève de
Monge, était déjà maître de mathématiques,
correspondant de l'Académie des sciences et
ami de Condorcet avant la Révolution, qui
l'avait fait examinateur des aspirants et élèves
du corps d'artillerie. Comme chef de bureau
à la commission de l'Instruction publique, il
avait tenu sur les fonts la naissante Université. Professeur à l'École normale et à l'École
polytechnique, il avait succédé à Borda,
comme membre de l'Institut. De plus, il
avait publié ses *Eléments d'algèbre*, ses *Eléments de géométrie*, avant la création du lycée
Bonaparte. Par conséquent, le titulaire de la

chaire de mathématiques transcendantes n'avait plus à faire ses preuves.

M. Laya.—Pour se vouer à l'enseignement, il avait quitté la carrière d'auteur dramatique, après y avoir fait beaucoup parler de lui, en pure perte pour sa fortune. La représentation de son *Ami des lois,* dix-neuf jours avant le supplice du roi, avait été suivie de près par l'interdiction de la pièce et l'incarcération des comédiens. Pour y parer, Laya avait fait des démarches et il avait dédié l'*Ami des lois* à la Convention; mais cette marque de déférence avait paru de l'ironie, aussi bien que l'hommage fait par Voltaire au pape de *Mahomet ou le Fanatisme,* et le gouvernement républicain ne s'était pas relâché d'une rigueur dont Louis XIV, en pareil cas, avait exonéré *Tartuffe.* Le professeur Laya, dont l'avancement a été pris à cœur par Fontanes, passait au lycée Napoléon vers 1809. La chaire de poésie latine à la Faculté des lettres et le fauteuil d'un des quarante ont été siens, au commencement de la Restauration.

M. Guillon. — L'abbé Guillon, mort évêque de Maroc et aumônier de la reine en 1847, devait le prénom de Sylvestre à ce qu'il était né le dernier jour de l'année 1759. Condisciple de Robespierre à Louis-le-Grand, il avait été aumonier de la princesse de Lamballe et régent de rhétorique sous l'ancien régime. L'évêque *in partibus*, grâce à un recueil manuscrit, repassait encore les leçons qu'il avait faites au lycée Bonaparte. N'étant que professeur, quand il avait à lire un passage de Virgile ou d'Horace, c'est par pure modestie qu'il tirait de sa poche et qu'il ouvrait un elzévir : il savait les deux poëtes par cœur ! Il a été ensuite professeur d'éloquence sacrée en Sorbonne. Des sermons à Saint-Roch l'ont fait considérer comme bonapartiste.

M. Dumouchel. — Une douzaine d'années avant l'abbé Guillon, J.-B. Dumouchel vit le jour; une bourse à Sainte-Barbe défraya son éducation, et puis il entra dans les ordres. A Rodez, comme régent de rhétorique, il avait pour élève Chaptal, avant de revenir dans les colléges de l'université de Paris, dont il fut élu le recteur en 1785, avec réelection l'année suivante. Dumouchel contribua ensuite à la constitution civile du clergé, et il devint évêque constitutionnel du Gard le 3 mai 1791. Deux ans après il quitta le diocèse pour se marier. Attaché sous le Directoire à la direction de l'Instruction publique, dépendant du ministère de l'Intérieur, il fut suspendu de ses fonctions par Lucien Bonaparte, puis rappelé par Chaptal. En quittant le Lycée, il retourna dans les bureaux, mais dans ceux de l'Université, jusqu'en 1814, et il vécut encore quatre années.

LES PROFESSEURS EN 1810 : — Desfontaines, *philosophie;* Guillon et Hamoche, *rhétorique;* Angelet, 2me *année d'humanité;* Planche, 1re *année d'humanité;* Guillaume, 2me *année de grammaire;* Raymond, 1re *année de grammaire;* Bertrand, *classe supplémentaire;* Lacroix, *mathématiques transcendantes;* Izarn, *physique, chimie, histoire naturelle;* Duchayla et Peyrard, *mathématiques spéciales;* Dergny, *mathématiques élémentaires;* Casanova, *dessin.*

M. Peyrard, ancien bibliothécaire de l'École polytechnique, était un bon vivant; mais une vive querelle avec M. Poisson, haut fonctionnaire de l'instruction publique, le fit regarder à l'Université comme un mauvais coucheur. M. Dominique Duchayla, professeur d'anatomie à Turin, puis de mathématiques appliquées à l'académie de Montpellier avant de passer au lycée Bonaparte, était le père d'un élève du collége, l'oncle d'un autre élève, et le frère du contre-amiral Duchayla, qui avait perdu le nez au combat d'Aboukir.

M. PLANCHE. — Le nom de l'helléniste, qui si longtemps a fait classe au collége, ne pouvait venir sous ma plume sans que Pindare,

son maître, vint répéter à l'élève de seconde
main ·

> Κώπαν σχάσον, ταχύ δ'ἄγκυ-
> ρείσον χθονί
> Πρώραθε, χοιράδος ἄλκαρ πέτρας.
>
> (10e *Pythique*.)

Né en 1762, le 8 décembre, à **Aurillac**, Joseph Planche se trouve à l'âge de 18 ans élève de rhétorique au collége du Plessis, cours de M. Binet. Comme il est de l'âge de Camille Desmoulins, ils ont à concourir l'un avec l'autre. Mais pendant que Camille relit Plutarque, et qu'il commence à se flatter de couver en lui-même un homme illustre, Joseph soumet sa tête, déjà plus pleine que celle de son camarade, mais moins ardente, et qui joue moins gros jeu, à la tonsure ecclésiastique. Ce dernier ne régente pas, mais il est maître de conférences, d'abord en classe de grammaire, puis en classe d'humanités, et ensuite il passe directeur du petit collége dans la communauté de Sainte-Barbe.

Il se voit défroqué et déclassé par la Révolution, mais il donne des leçons en ville, et il se contente de rencontrer chez Vénua, restaurateur voisin de la Convention et de la terrasse des Feuillans, Robespierre, un peu son aîné, qu'il a toutefois connu à l'université et même tutoyé, avant que cette privauté fût d'uniforme eutre concitoyens. Le tribun demeurait, au reste, non loin de là, rue Saint-Honoré. Chez Vénua, Robespierre dînait seul, mangeait vite, parlait le moins possible; Desmoulins, au contraire, était charmant convive, et la conversation était son meilleur plat. Un jour, Camille s'isole, dîne à la hâte, et en se levant de table il s'approche de Joseph pour lui serrer la main, pour lui dire : — Je suis perdu.— Par ton journal ?— Je sais seulement que je suis perdu. J'ai été chez Maximilien tantôt; il s'attendait à ma visite et m'a fait défendre sa porte. — Adieu, Planche ! — Adieu, Desmoulins !

Planche lui-même, pendant la République, n'est-il pas un peu journaliste? Les frères Bertin ont acquis de l'abbé Mutin le *Journal de Débats*, n'ayant alors que 101 abonnés, et cette feuille, fondue avec une autre, est bientôt rédigée par Féletz, Michaud, Dussault, Geoffroy. Planche est modestement chargé des faits-divers, et il prend moins souvent la plume que les ciseaux pour remplir cette tâche. Il rentre dans l'enseignement à ses propres risques et périls en fondant une pension, dans laquelle M. Villemain est son élève, et qui deviendra collége par la suite; pourtant il n'y fait pas de bonnes affaires. La protection de Fontanes lui ouvre par bonheur au lycée Bonaparte la chaire de troisième, puis celle de rhétorique.

Aussi bien, il faut en convenir, le père Planche n'a jamais su compter. Ses usuriers venaient le harceler jusqu'à la porte de sa classe, quand il faisait la rhétorique, et, il a toujours eu maille à partir avec la dette criarde. Les innombrables livres qu'il a écrits et publiés lui ont plus rapporté d'honneur que de profit. Heureusement que, né sur la montagne, il était doué d'une forte complexion, à tenir tête facilement aux orages du plat pays ; jamais les embarras d'argent n'ont altéré sa souple intelligence, qui pliait afin de ne pas rompre, ni sa sereine gaieté de philosophe, ni sa parole forte et coulant de source, ni sa santé robuste comme le chêne. Fidèle dépositaire des meilleures traditions classiques, il a été toute sa vie un maître cher à ses disciples, un érudit doublé d'un homme d'esprit, un poëte à table, partout un Athénien. Des poésies latines rémplies de grâces et beaucoup de petits vers français, qui ne manquaient jamais de sel, ont circulé avec sa signature. Quant à son *Cours de littérature grecque*, il n'en a pas tiré plus de 400 francs par volume. Ses dictionnaires ne sont plus au nombre des livres exigés à l'Université.

Je crois encore voir sa bonne et grosse
tête, et j'entends l'écho de sa voix, si ron-
flante dans les cordes basses. Dans la rue il
allait flânant d'un pas distrait, et ne semblait
jamais pressé. C'est la température qui avait
froid ou chaud, et jamais lui. Trouve-t-on encore des vieillards qui, comme lui, aient
porté la queue et la culotte courte jusqu'en
1848? N'allez pas croire, au reste, que le
24 février ait fait peur à un homme qui se
souvenait encore de la journée du 10 août !
Il a seulement trouvé la dernière république
moins française que la première, et se croyant
à l'étranger il a pris une tenue de voyage, en
se faisant couper les cheveux et en souffrant
de guerre lasse qu'un pantalon lui alourdît
et lui enmaillotât les jambes. Quelle était l'o-
pinion politique du bonhomme ? il ne le disait
pas. Quelques épisodes biographiques en tra-
hiront-ils le secret ?

Ayant à prononcer le discours latin du concours général, en 1813, il en fit la lecture un
jour d'avance, selon l'usage, au grand-maître
Fontanes, qui lui fit remarquer que l'éloge
de l'empereur n'y était pas : l'oubli fut réparé
par ordre.

En général, on croyait M. Planche légiti-
miste plutôt que républicain. Néanmoins,
le 20 mars 1815, il ne parut pas attéré par la

nouvelle que Paris, on doit le dire, n'accueil-
lait pas avec enthousiasme. Le professeur
réputé royaliste était le premier à annoncer
le rétablissement de l'Empire, dans le Collége,
où il avait alors son logement, ouvrant sur
le même escalier que le logement du proviseur. — Chambry, dit-il, à celui-ci, dépê-
chons-nous de monter au grenier; je t'aiderai
à porter la planche de salut que tu mettais de
côté l'année dernière.

Encore pis le 27 juillet 1830. M. Planche
sortait du Collége, avec un Polybe sous le
bras; il vit des hommes armés de pioches
qui commençaient à dépaver la rue pour élever une barricade. C'étaient des étudiants, des
commis marchands, des tailleurs, des ba-
layeurs, des chiffonniers; mais ce n'étaient
pas des ingénieurs experts, et ils n'allaient pas
vite en besogne. L'un d'eux reconnut l'homme
pour l'avoir vu souvent jouer aux échecs sur
les damiers du café de la Régence, et il demanda un conseil à ce témoin, qui ne pouvait
retenir un sourire de pitié devant les straté-
gistes qui s'y prenaient si mal pour élever
une redoute. L'amour de l'art fit qu'il ouvrit
Polybe, et qu'il traduisit à haute voix, près de
la porte du Collége, un passage dans lequel
cet historien grec décrivait une pièce de for-
tification détachée. Déjà la base était jetée,

grâce à cette théorie savante, d'une barricade irréprochable, quand le visage de M. Legrand, successeur de Chambry, parut à une lucarne. M. Planche s'arracha aux étreintes de la reconnaissance, et il fit bien, car le travail fini, les travailleurs l'eussent porté en triomphe. Mais il avait à peine remis les pieds sur le sol universitaire, que tous les garçons de classe, obéissant à l'ordre du proviseur, s'emparèrent du professeur, afin de le mettre au violon dans sa classe. Il n'en sortit que le troisième jour.

La doctrine éclectique de M. Planche en matière politique lui permettait d'avoir son couvert mis à la table de beaucoup d'amis, et il dînait en conscience, sans préjudice du mot pour rire et de la chanson au dessert. Des gens mal informés ont prétendu que l'épicurien de l'Université avait pour fils le critique Gustave Planche; on en a trop prêté à l'helléniste, mais on ne prête pas aux pauvres; nous ne lui avons connu qu'une fille, Mlle Planche, une personne très-respectable. Que de fois Mlle Planche a copié, un moment avant l'heure de la classe, quelque passage d'auteur latin ou grec, pour que son père, qui en avait besoin, n'arrachât pas une page ou deux d'un livre! Notre digne professeur avait la manie de lacérer tout ce qu'il lui tom-

bait d'ouvrages imprimés sous la main, après
les avoir tachés d'encre; par suite, c'était à
qui ne lui en prêterait plus.

Force fut de le nommer bibliothécaire en
Sorbonne, dans la crainte d'interrompre des
travaux précieux, mais trop chers pour qu'un
simple particulier pût les continuer à ses
frais : tous les titres requis à cette nomination, notre père Planche les avait. Une fois
conservateur, il alla comme toujours dans les
bibliothèques publiques, pour y consulter ses
auteurs; mais il eut la sagesse de fréquenter
très-peu la sienne : c'était lui rendre service à
sa manière!

L'aimable et vénérable Planche est mort
à Paris le 19 mars 1853, âgé de 90 ans
et 3 mois. Nul discours ne fut prononcé le
jour des funérailles; quelques uniformes militaires rappelaient à peine que la Légion
d'honneur venait de perdre un de ses plus
anciens officiers. Si le vieux professeur avait
seulement laissé pour héritier un sous-chef
de bureau, deux mille solliciteurs de places
et de rubans seraient venus le porter en terre.
Le *Journal de l'Instruction publique* ne lui a
consacré qu'un article nécrologique honorable, mais assez banal. Le nonagénaire était
resté maître de ses facultés intellectuelles
jusqu'au dernier moment : c'est de lui qu'on

peut dire à double titre qu'il a rendu l'esprit.

M. Angelet. — Il était père de Mlle Angelet, la gouvernante des filles de Louis-Philippe, père aussi de trois militaires morts sur le champ d'honneur, dont un à Waterloo, avec le rang de lieutenant-colonel. M. Angelet sacrifiait à Bacchus ; mais il rougissait quelque peu de ce défaut incorrigible, qui trouvait pourtant son excuse dans une quantité de vers d'Horace. Ses élèves s'inclinaient à la manière de Japhet devant cette unique faiblesse ; ils s'inclinaient pour tout de bon, dès que le maître avait toussé en frappant la chaire d'un coup sec. Cela marquait un temps d'arrêt, dont le professeur profitait pour boire la goutte, sans que des regards jaloux lui en mesurassent la dose. La leçon reprenait quand il frappait un second coup, et les élèves, en relevant la tête, trouvaient celle du maître ragaillardie, enluminée et moins sévère qu'avant l'interruption. Pendant un grand nombre d'hivers, M. Angelet s'est habillé d'une polonaise verte, que son fils avait rapportée de la campagne de Russie.

M. de Cardaillac — n'est monté dans la chaire de philosophie au Lycée qu'en 1812. Sa santé ne lui a permis d'y remplir ses fonctions que pendant peu d'années ; mais il est resté titulaire jusqu'à son élévation au grade d'inspecteur. Cet auteur des *Éléments de la philosophie* a cessé de vivre en 1835.

M. RAOUL-ROCHETTE — était déjà successeur de M. Angelet depuis un an lorsqu'il remporta un prix à l'Institut, en 1813. Il devint maître de conférences à l'École normale, suppléant de M. Guizot à la Faculté des lettres, membre par ordre de l'académie des Inscriptions en 1816, puis conservateur des médailles à la Bibliothèque impériale. Dans ce département, il fut commis un vol, dont les journaux parlèrent si longtemps et avec si peu d'indulgence pour la vigilance administrative mise en défaut, que le conservateur pensa en mourir de chagrin. Froissart et ses complices n'ont révélé ni leurs moyens d'exécution, ni ce qu'on a pu faire des médailles, qui semblent perdues pour jamais. On retrouvera pourtant celles-ci avec le temps, car elles n'ont pas été fondues par le complice trop longtemps inconnu, qui ne peut être qu'un numismate. M. Raoul-Rochette allait faire un procès à M. Marrast, rédacteur du *National*, quand l'intervention d'un tiers parut ajuster le différend. Néanmoins, la première destitution que prononça le gouvernement de Février frappait M. Raoul-Rochette. Il est vrai que des envieux lui reprochaient depuis longtemps de devoir tout à la faveur, et a faveur aux intrigues incessantes de sa belle-mère, veuve du sculpteur Houdon.

M. DE GENOUDE, — qui se nommait Genoud au lycée Bonaparte, y faisait seulement la sixième. Il émigra en Suisse pendant les Cent-Jours, puis il fut officier des volontaires royaux, maître des requêtes, publiciste éminent et député. Il se faisait appeler M. de Genoude, depuis que Louis XVIII lui avait conféré le titre de baron. En lui il s'était opéré une transformation plus importante, quand un théologien de Saint-Sulpice l'avait converti et fait entrer au séminaire, après l'avoir rencontré incrédule.

M. PAUL BINET. — Nom modeste et presque inconnu à l'heure qu'il est, mais qui mériterait d'être gravé en caractères ineffaçables sur la porte des classes de mathématiques, au Collége! Pour les élèves qui s'y sont succédé de 1812 à 1837, Binet fut un homme de génie. Il n'appartenait pas, que nous sachions, à la famille du proviseur Binet; mais il avait pour frère M. Jacques Binet, de l'Institut et du Collége de France, ainsi que pour oncle le général Lebreton.

L'élève de l'École polytechnique auquel nous consacrons ces lignes, est nommé professeur primitivement à Rennes. Là il s'éprend d'une demoiselle, et l'X de cet amour dont il poursuit les termes lui fait perdre la tête : donc sa tête et son cœur se suivent. Le père de la jeune personne refusant d'être son beau-père, Paul Binet n'a plus qu'à mourir, et il se rend, malgré le double froid de la Bretagne et du mois de janvier, au confluent de l'Ille et de la Vilaine, au fond desquelles s'étudie assez mal même la théorie des fluides. Là venait de tomber, par accident, un patineur âgé de dix-huit ans, au secours duquel un autre s'était jeté, et tous deux avaient disparu sous des glaçons menaçant fort de les ensevelir. Il plaît à l'amoureux transi de trouver dans la glace un trou déjà tout fait, et il y donne tête baissée. Mais un des patineurs reparaissant au même moment, saisit par un effort suprême un des pans de l'habit de Binet, qui veut bien se noyer, mais seul, sans entraîner la mort d'un innocent, et qui se voit forcé de vivre pour ne pas être le bourreau du malheureux attaché à son sort. Chargé d'un précieux fardeau, il remet pied à terre, et il apprend alors qu'Edouard Mounier, fils du préfet, est le jeune homme qu'il a sauvé. Père et fils le remercient tant qu'il se réconcilie lui-même avec la vie.

Il s'absente par congé pour remplir les fonctions de répétiteur à l'École et se faire

recevoir lui-même docteur ès-sciences; puis
il est professeur à l'Académie d'Orléans. Il est
appelé enfin à remplacer d'office, au lycée
Bonaparte, M. Lacroix, momentanément en
disgrâce; il s'y prend assez bien, par extraor-
dinaire, pour ne pas se faire un ennemi de
celui qu'il vient suppléer, et toutefois le titulaire n'abandonne que plus tard une portion
de son traitement de 3,000 fr. à l'agrégé, qui
conserve pareillement son traitement à Orléans. De plus, Binet reçoit une part de ce
que payent les externes libres au Collége,
droits attribués alors aux professeurs. Il fait
même quelque temps, indépendamment de
la classe de mathématiques transcendantes,
celle de mathématiques spéciales, où il supplée M. Poinsot. N'y a-t-il pas gros à parier
qu'il passera bientôt titulaire? Ce n'est pas un
homme ordinaire que Paul Binet. Laplace,
tout le premier, a reconnu en lui le feu sacré.
Lagrange, peu de jours avant de mourir,
avait promis d'être son protecteur. Mais Paul
Binet, loin d'être un courtisan, affiche des
opinions tellement indépendantes que sa fortune à faire est un problème dont il ne verra
pas la solution. Jamais un plus mauvais coucheur n'a fait et défait son lit à l'Université!
Ce professeur est en querelle réglée avec le
géomètre Poisson, qui signe les nominations,

et les deux adversaires n'y vont pas de main-
morte. — M. Poisson, dit l'un, est trop gour-
mand, trop buveur et trop libertin pour
qu'on croie à sa probité; il connaît sa géométrie aussi peu que la langue française. —
M. Binet, dit l'autre, est joueur comme les
cartes; il faut que ce fruit sec de l'École polytechnique reste encore bouche-trou à l'U-
niversité.

Qu'on parle encore des haines entre dévots,
entre chanoines, entre évêques! L'académie
des Sciences est houspillée, dans la personne
d'un de ses membres, par un maître au cachet. Ce lieutenant remplace provisoirement,
même à l'Ecole polytechnique, M. Poinsot.
Leurs élèves du Lycée, examinés par M. du
Chayla, sont jugés incapables de passer dans
la classe de mathématiques transcendantes,
et le suppléant honoraire est envoyé en
tournée d'inspection dans les écoles militaires. Puis il revient, et c'est pour suppléer
au même collége M. du Chayla, qui en 1815
passe recteur en province. D'autre part, pendant les Cent-Jours, M. Lacroix, appartenant
sous cape à l'opinion démocratique, prévient
M. Binet que, pour être au Collége de France,
il va donner sa démission de professeur au
lycée Bonaparte, sans qu'un crédit borné lui
permette d'être utile à un successeur de son

choix. Ainsi il voit deux chaires disponibles à la fois : celle des mathématiques spéciales, où il siége par le fait, et celle des mathématiques transcendantes, que M. de Sacy, recteur, lui a antérieurement promise, mais qui ne tardera pas à être supprimée. Edouard Mounier, au retour de Louis XVIII, est devenu intendant des bâtiments de la couronne, et il remplit aussi les fonctions d'intendant de la liste civile. De plus, M. de Barante, ancien camarade à l'Ecole polytechnique de notre candidat, signe par intérim pour M. de Vaublanc, ministre de l'Intérieur. Sans l'intervention de ces deux protecteurs, Binet resterait encore assis par terre entre deux selles ; mais enfin il l'emporte sur son compétiteur, M. Lefébure de Fourcy, préférence qui lui est donnée par Royer-Collard, président du conseil de l'Université.

M. Peyrard remplit au collége Bourbon une seconde chaire de mathématiques spéciales ; ses élèves alors ne sont pas très-nombreux. M. Binet en compte moins encore ; on lui reproche, pour la première année, de n'avoir fait admettre que deux élèves à l'Ecole polytechnique, et il s'écrie : — Mais mon prédécesseur ne m'a laissé que deux élèves.

De ce point de départ infiniment modeste, le professeur arrivera à faire recevoir autant d'élèves de Bourbon à l'Ecole que tous les autres colléges à la fois, et il remportera, par exemple, en 1834, au concours général, un prix avec cinq accessits. Il est vrai que ses procédés diffèrent essentiellement de la routine de ses devanciers, qui ne quittaient la chaire qu'avec peine pour aller au tableau, et qui avaient un livre sous les yeux presque toujours, plus réellement lecteurs que professeurs. Les leçons de Binet sont des démonstrations ; il use plus de craie que ses prédécesseurs, et il ne passe l'éponge sur le tableau qu'après avoir donné au résultat acquis l'évidence la plus éclatante. En outre, il parle aussi purement qu'a écrit d'Alembert. Quant aux livres, souvent défectueux, que l'Université impose aux élèves mathématiciens, il n'en ouvre jamais un seul sans y biffer des mots mal appliqués. Un jour, il fait passer de main en main une *Statique* de Poinsot, criblée de 1,000 râtures, dont il conseille de prendre note ; un élève l'avertit alors que quelqu'un écoute à la porte, et en effet deux pieds sont aperçus entre le carreau et la porte, où ils tiennent lieu de bourrelet. — Messieurs, s'écrie le maître, ouvrez à votre proviseur, afin qu'il entre tout à fait dans la classe. — Je vous y prends, monsieur, dit en entrant Chambry, à critiquer les vivants et les morts. — Je ne juge pas les hommes, réplique le professeur; mais j'examine leurs ouvrages.

Lorsqu'en 1816, à la suite de troubles, l'Ecole polytechnique est licenciée, M. Binet habite, avec sa femme et ses enfants, un pavillon rue Notre-Dame-des-Champs, et la jouissance d'un jardin s'y rattache. Il offre gratuitement d'y continuer son cours de mécanique, pour 40 élèves congédiés qui, sans lui, perdraient tout leur temps et le fruit des leçons précédentes, et parmi lesquels se trouve l'ex-élève du lycée Bonaparte Marey-Monge, plus tard général. Un jour, à l'heure de la leçon, la porte du jardin est forcée, et un commissaire de police fait entrer des officiers l'épée hors du fourreau, entre autres le grand prévôt, M. de Messé. M. Binet, debout en face d'un tableau, qu'encadrent des lilas en fleur, poursuit une démonstration dont l'importance absorbe son attention, et ne s'arrête qu'après avoir conclu. — D'où vient, demande enfin le le grand-prevôt, que vous vous permettez de rouvrir une école dont le roi a jugé nécessaire d'interrompre les exercices ? — Il est vrai, M. de Messé, répond le professeur, que l'École est fermée à juste titre; mais les jeunes gens font mieux de poursuivre leurs études utiles que de chercher ailleurs un aliment à l'espérance et au regret. Vous voulez savoir de quel droit je continue mon cours? Du même droit que j'avais, il y a quatre ans, pendant l'émigration, d'accueillir chez moi votre fils, que madame sa mère, en votre absence, voulait faire entrer à l'Ecole polytechnique.

On craint en ce temps-là les conspirations bonapartistes, qui menacent en même temps le roi et toutes les libertés que la Charte a reconnues; seulement M. Binet se figure à tort que son voisin, l'abbé Liautard, l'a dénoncé à la police du pavillon Marsan. On fouille les 40 élèves licenciés; mais on ne fait subir aucune inspection à ce qui appartient au maître. M. Anglès, le préfet de police, se trouve son ancien condisciple à l'Ecole, et d'ailleurs son frère, Jacques Binet, n'est-il pas bien en cour? Paul obtient l'autorisation dont il s'était d'abord passé. MM. Gay-Lussac, Arago et les autres professeurs de l'Ecole en demandent tous de pareilles. Les élèves licenciés doivent, par conséquent, à l'initiative de Binet leur aptitude à se placer ensuite dans les services publics. Le duc de Doudeauville ne le rappelle pas à l'Ecole, dont la réouverture a lieu à la fin de la même année ; mais M. Ampère, professeur, tombe malade en 1822, et force est de rendre à Binet son cours de mécanique pour les élèves sortants. En 1832, nou-

veau licenciement de l'Ecole polytechnique ;
mais le congé du professeur, pour cette fois,
est définitif.

A partir de 1820 il a son logement au collége de Bourbon, et il s'y querelle d'une façon
plus directe avec Legrand, successeur de
Chambry. Une année, il offre lui-même de
laisser à M. de Flers, professeur de mathématiques élémentaires, les élèves que ce professeur suivra lui-même en spéciales, pendant
que lui, Binet, formera les nouveaux sujets.
Aussitôt que M. Poisson, dont M. de Flers a été
le suppléant à la Faculté des sciences, connaît
leur arrangement, il fait ériger en système,
par un arrêté du conseil, cet alternat im-
provisé. Cela prouve au moins que Poisson et
Binet ont une fois la même manière de voir.

Le professeur gagne beaucoup d'argent,
grâce aux répétitions particulières; mais tout
ce qu'apporte la science des nombres, il le lui
restitue parfois à Frascati, avec un désinté-
ressement qui satisfait sa passion dominante,
mais qui dérange constamment ses affaires.
Poursuivi plusieurs fois pour dettes, il ne fait
en prison qu'un séjour assez long pour y réaliser des découvertes, qui d'ailleurs font l'objet de mémoires présentés par l'auteur à l'Académie des sciences. Des élèves le suivent jusque sous les verroux. En 1836, sur un rap-

port de M. Duchayla, qui avait eu à faire officiellement sa tournée d'inspecteur, il est
cité par-devant le conseil académique. Le savant fait absoudre non sans difficulté le professeur, auquel après l'audience M. Villemain, président, conseille en vain de prendre
sa retraite, comme le parti le plus sage. En
1837 seulement il se décide à déposer sa démission entre les mains du ministre, M. Cousin, mais après avoir épuisé une série de ré-
criminations contre M. Alexandre, proviseur.
On a bien résolu que sa pension de retraite
irait à 2,500 francs; mais quand M. Binet
vient la faire régulariser, il trouve une ra-
ture encore fraîche, qui en réduit le chiffre
à 2,250 francs, et il a la douleur suprême de
reconnaître la main même de Poisson, dans la
surcharge qui diminue ses droits.

La république de 48, au lieu de décerner
des ovations au vieux savant qui s'est cru un
ilote sous les deux régimes précédents, bien
qu'il ait su y prendre des licences qu'aucun
État démocratique ne souffre; la République le
laisse aux Ternes, dans un petit logement, où
il donne toujours des leçons. Tous les matins
aussi il joue du violon; puis il va faire un
tour au bois de Boulogne, où le sable lui tient
lieu de tableau noir, et une canne de blanc.
Tous les passants remarquent cet homme pe-

tit et vieux, mais plus vert et plus droit qu'aucun sapin du bois, et combien peu se dou-
tent que c'est là un des hommes les plus forts
de son temps !

M. PATIN, — né en 1793, n'est qu'à peine
majeur au moment où il entre au collége
Bourbon comme agrégé de cinquième. Il
passe ensuite à Henri IV, pour y faire la rhétorique, tout en écrivant dans le *Globe;* il supplée, en 1830, M. Villemain à la Sorbonne,
avant d'être nommé à la chaire de poésie latine de la Faculté. Puis il devient l'un des
quarante.

M. ANDRIEUX — n'occupait la chaire de rhétorique en 1817 que par intérim : déjà il était
remplacé par M. Aimé Martin, comme professeur de belles-lettres à l'École polytechnique,
et il faisait déjà au Collége de France le cours
de littérature auquel sa mort seule a mis fin
en 1833. Mais cet auteur des *Étourdis,* prédécesseur de M. Thiers à l'Académie française,
avait joué aussi un rôle au conseil des Cinq-
Cents et au Tribunat. Quand le premier consul s'était plaint au tribun des dispositions
hostiles du corps auquel il appartenait, Andrieux avait répondu : — Vous êtes à l'Institut de la section de mécanique, et vous devez
savoir qu'on ne s'appuie que sur ce qui résiste.

M. FABIUS DE CALONNE — n'avait guères que 24 ans en montant dans la chaire de cinquième au collége Bourbon : l'an II ou III l'avait vu naître. Le collége Henri IV a gardé beaucoup plus longtemps ce traducteur de Cornelius Nepos et de Velleius Paterculus, rimeur aussi de chansons agréables, chantées par lui-même au Caveau.

M. JOUFFROY, — marquis de Jouffroy, était entré au régiment de Bourbon dès 1772 ; il avait sollicité en l'an X un brevet d'invention pour les bateaux à vapeur : tels étaient les antécédents du philosophe, ami de M. Cousin, qui devint haut dignitaire à l'Instruction publique et qui fut aussi député. Royer-Collard chargea Jouffroy en 1817 de deux cours, l'un à l'Ecole normale, l'autre au collége Bourbon, où il resta plusieurs années suppléant de M. de Cardaillac. Les leçons de ce maître se trouvent presque toutes dans ceux de ses ouvrages qui ont pour titre : *Cours d'esthétique, Mélanges philosophiques, Cours de droit naturel professé à la Faculté des lettres.*

M. PIERROT. — D'octobre 1819 à octobre, 1824, il a été titulaire de rhétorique à Bourbon; son nom y demeure attaché au souvenir d'une distribution de prix qui a été tout à fait orageuse.

Des protestations éclataient à l'occasion

d'un prix que les élèves ne trouvaient pas donné à qui de droit ; pendant que le censeur Legrand proclamait un nom indiqué sur la liste des récompenses, les jeunes gens en criaient un autre. Huées, sifflets et trépignements n'ayant pas empêché le couronnement du lauréat, des banquettes renversées mirent le comble au désordre. Le proviseur Chambry, afin d'y couper court, ordonna d'appeler la garde. M. Pierrot, se levant tout à coup, descendit les degrés de l'estrade et s'écria : — Je m'oppose formellement à ce que la police de l'Université soit faite par la force publique !

La présence d'esprit du professeur maîtrisa le désordre ; il y gagna une popularité, dont témoignèrent des salves d'applaudissements, mais qui ne laissa pas que d'être à charge à l'autorité méconnue. Rappelons-nous, au reste, que la hiérarchie des pouvoirs suit très-souvent l'ordre inverse du crédit, sous un régime constitutionnel. M. Pierrot, beau-frère de M. Persil, avait prononcé le discours au concours général, la veille, et il avait été autorisé à y parler de Mirabeau avec beaucoup d'indépendance. La mise en disponibilité provisoire du professeur fut une satisfaction donnée pour la forme à la discipline. Il alla faire en 1824 la rhétorique à Louis-le-

Grand, pour y passer avant peu proviseur.

M. POUILLET — entre au Collége en 1821 pour y enseigner la physique ; en même temps il est maître de conférences à l'Ecole normale. Ce savant donne des leçons au duc de Chartres, sous Charles X, et puis aux autres fils du duc d'Orléans, devenu roi. A cette famille, à cette monarchie, il a voué un attachement que lui permet de montrer au grand jour l'é-lection qui l'envoie à la Chambre. L'académie des Sciences reçoit M. Pouillet dans son sein vers la fin du même règne.

M. DAMIRON. — Il supplée M. de Cardaillac en philosophie, après M. Jouffroy, année 1822. Pendant les derniers temps de son cours à Bourbon, il publie dans le *Globe* une série d'articles qui le mettent en disgrâce, parce qu'il ajoute aux doctrines de son ami Laro-miguière le couronnement de l'éclectisme, romantisme philosophique. Mis pour deux ou trois ans en disponibilité, M. Damiron rentre en chaire à Louis-le-Grand, après la révolu-tion de Juillet. Plus tard il fait l'histoire de la philosophie moderne à la Faculté des lettres. Son *Histoire de la Philosophie du dix-neu-vième siècle* n'est que le corrigé de ses articles dans le *Globe*.

M. FOY, — agrégé de sixième, dans la suite professeur de seconde, puis bibliothécaire à la

Sorbonne, est enfin l'un des secrétaires du gouvernement provisoire en 1848.

M. Langlois, — orientaliste, professeur de quatrième à Louis-le-Grand en 1819, de rhétorique ensuite à Bourbon et à Charlemagne, puis inspecteur, est mort en 1854. Il a collaboré au *Complément du Dictionnaire de l'Académie.*

M. Ledrut. — Le père Ledrut, dont le nom figurait déjà dans les cadres du Collége en 1824, ne s'y éleva jamais au-dessus de la sixième; mais il était membre du corps enseignant depuis 1798. Partisan exclusif de la Restauration, comme gouvernement national, il repoussa la copie d'un élève qui, le 2 août 1830, portait ces mots en tête : *Collége National :* — Croyez-vous, disait M. Ledrut à cet élève, aujourd'hui député, Petit de Beauverger ; croyez-vous que des chiffonniers ivres changent un collége, en déposant les ordures de leurs mains sur le nom inscrit à la porte?

M. Desmichels — était né en 1793, avec Ovide et Chrysanthe pour prénoms. Il entra à Henri IV en 1818, après avoir écrit sur la liberté de la presse, qu'il regardait comme la seule garantie des libertés publiques, et qu'il voulait sans aucune restriction ; il passa ensuite à Bourbon en qualité de professeur d'histoire , et il publia son *Précis de l'histoire du moyen âge.*

En quittant le Collége, M. Desmichels administra l'Académie d'Aix.

M. Jules Janin. — De faire toujours l'école buissonnière en restant un bon écolier, quel secret Janin a trouvé! Il a ôté sa plume à l'aile d'une caille prise au miroir. Cette petite plume, bien qu'elle se taille souvent, ne s'usera jamais; elle aligne à ravir de jolies pattes de mouche, sous la rubrique fallacieuse de roman, de nouvelle ou de compte-rendu dramatique, et c'est toujours au bel esprit qu'elle fait patte de velours, le réveillant quand d'autres l'ont assoupi, le rattrapant toujours si elle vole à sa poursuite, et elle se l'attache à force de caresses si chatouilleuses et si familières qu'on ne sait plus où y commence, où y finit la réciprocité. Mais j'entends, il me semble, le prince des critiques se récrier et dire qu'il appartient, comme élève, au lycée de Lyon et à Louis-le-Grand. Toutefois, vers 1827, un maître a surchargé de corrections et de ratures bon nombre de copies faites par des élèves de Bourbon, et dans les notes que ce maître a hérissées de points d'exclamation on reconnaît le style de Janin.

Omne tulit punctum qui miscuit utile dulci.

L'auteur de l'*Ane mort* a donné des répétitions, pendant plus d'un an, aux élèves de la pension Bimar, suivant les cours du collége

Bourbon. Les affaires de M. Bimar, à cette époque, n'allaient pas bien, et comme un jour il s'attendait, pensif et attristé, à la saisie qu'un commandement timbré lui avait annoncée, on frappa à sa porte, et il ouvrit lui-même ; ce n'était pas encore à l'huissier, mais c'était à un créancier encore plus pressé d'obtenir satisfaction. Le jeune répétiteur auquel il promettait 50 francs par mois depuis plusieurs mois, avait besoin d'argent, et la caisse était vide. Heureusement la cave ne l'était pas. Le maître de pension d'offrir une pièce de vin au créancier privilégié, qu'il prend à cœur de désintéresser. Mais impossible d'enlever la barrique quand l'apposition des scellés en aura fait un gage pour d'autres dettes : il n'y a donc pas une minute à perdre ! Janin loue un haquet, aide à charger le vin, pousse à la roue, et la porte est franchie avant l'arrivée de l'huissier. Une demi-heure après, Chalantre donne 50 écus de la barrique au répétiteur essoufflé, qui va dîner avec plus d'appétit que s'il s'était borné à corriger des thêmes ou des versions dans la pension Bimar.

Aussi bien nous préférons tous que le spirituel écrivain ait eu pour condisciple à Lyon le fameux Lacenaire à ce qu'il l'ait connu rue Caumartin. Ce redoutable camarade lui a rendu une visite matinale, à l'époque où de brillants succès lui permettaient de mener assez grand train. C'était le lendemain d'un bal, dont une jolie marquise avait fait les honneurs chez Jules Janin, rue de Tournon. A cette fête il y avait eu foule ; un seul invité M. Scribe avait manqué, tant il gardait rancune au critique des *Débats*, qui avait bien raison de le chicaner sur son style! Un bal laisse toujours à sa suite, dans une maison, quelque désordre; Lacenaire en profite, pour s'introduire plus librement dans une salle de billard, puis dans un cabinet où l'amphytrion de la veille s'est assoupi au coin du feu, en relisant son dernier feuilleton. Réveillé en sursaut, il prend d'abord cet homme, dont les regards sont peu rassurants, pour un des collaborateurs de M. Scribe, ou pour un rival malheureux que lui a donné la marquise ; il ne reconnaît son ancien camarade qu'après avoir appris de sa bouche quel est l'objet de sa visite. — Lacenaire, lui répond-il, si tu n'en veux qu'à ma bourse, partageons : j'ai cent francs, prends-en la moitié.

Le criminel avouait plus tard qu'il avait été désarmé par la bonne grâce de cette concession, et qu'il était entré chez Jules Janin avec l'intention de ne rien lui laisser, pas même la vie. Si Lacenaire avait eu tous les jours,

comme cette fois, le cœur sur la main, on ne
lui en voudrait plus de s'être cru poëte!

LES PROFESSEURS EN 1831. — Saphary, *philosophie* ; Cazalis, *physique* ; Binet, *mathématiques spéciales*; Camus, *mathématiques élémentaires* ; Loupot, agrégé, suppléant de *mathématiques*; Planche et Ragon, *rhétorique* ; Legay et Pottier, *seconde*; Garnier, de Neufforge
et Raynaud, *troisième* ; Guillaume et Chappüyzi, *quatrième* ; Girod et Valatour, *cinquième* ; Ledru et Pitay, *sixième*; Herbette et
Chabouillé, *classe élémentaire*; Corbin, *histoire naturelle*; Liehbaber, *allemand* ; Lynch,
anglais.

M. Lynch a quitté l'enseignement en 1832
pour aller recueillir et gérer en Irlande l'héritage de son père. Le baron Liehbaber, que
nous nommions avec joie *les Bas verts*, a eu
pour successeur M. Doctor Dondorf, qui a
perdu sa chaire et la raison en même temps.
M. Corbin n'a pas fait beaucoup moins, car il
a parsemé ses leçons, vers la fin, de prédica-
tions révolutionnaires. De la septième à la seconde a monté successivement en grade
M. Herbette, ancien élève de l'Ecole normale,
auteur d'un abrégé de la grammaire grecque
de Burnouf. M. Valatour, traducteur de saint
Grégoire de Nazianze, annotateur de Plutarque
et d'Élien, aura régenté à Bourbon près de

40 ans. Un livre intitulé : *Comparaison des monnaies, poids et mesures chez les Romains, chez les Grecs et chez les Français*, a pour auteur M. Girod, homme du monde, qui faisait sa classe en amateur ; si l'Université lui a cherché noise un beau jour, c'est qu'elle était jalouse de la Bourse, et celle-ci néanmoins a ruiné le fonctionnaire déclassé. M. Chappùyzi commence en 1826 ses longues années de service au Lycée; l'accomplissement sérieux de ses devoirs n'empêche pas ce traducteur d'Ovide d'acquérir au dehors la réputation de maître au jeu de dominos. Le père Guillaume, que son âge faisait prendre pour un des professeurs de la création, n'avait pourtant revêtu sa robe noire que vers 1830 ; il a été après censeur au collége de Versailles. Quant à M. de Neufforge, il professait plus tard à Charlemagne, et M. Magin, dont les livres ont circulé dans toutes les mains, devenait vers la même époque chef de l'Académie de Versailles. M. Jarry de Mancy, dans la suite professeur d'histoire et bibliothécaire de l'École des Beaux-Arts, a toujours eu la passion des tableaux ; il a donc publié une *Iconographie*, un *Atlas de littérature* et un *Livre d'honneur*, dans lequel sont passés en revue les prix du concours général, et Mme Jarry de Mancy a toujours fait de la peinture.

Le père Loupot a signé une *Géométrie*.
M. Camus, élève de l'École polytechnique, en
est sorti lors du licenciement général de 1816;
précepteur à Trieste des deux fils de Jérôme
Bonaparte, il a été ensuite répétiteur à Saint-
Cyr, professeur à Louis-le-Grand, puis à Bourbon. Comme maître de physique, M. Cazalis
succédait à M. Meissas en 1829; il a quitté en
1844, après avoir été en même temps maître
de conférences pendant quatre ans à l'École
normale, et puis cet inspecteur de l'Académie
de Paris a été nommé inspecteur-général en
janvier 1848. M. Saphary, natif de Vic-sur-Sei-
ne, professeur à Nancy, puis à Saint-Louis, et
maître de conférences, est entré à Bourbon en
1830, et il a demandé un congé une semaine
avant la révolution de Février; quelques années après il était encore titulaire, bien qu'il
n'eût pas repris ses fonctions : cet adversaire
de l'éclectisme avait remporté un prix académique, vers 1840, avec l'*Eloge de Laromi-
guière*.

M. Daveluy. — Nouveau venu en 1832, ce
suppléant de rhétorique avait tenu la même
classe à Dijon, où il s'était montré chaud partisan de la révolution de Juillet. Il a collaboré
avec M. Quicherat à dès ouvrages classiques;
c'est aussi un archéologue distingué. M. de
Salvandy a confié à M. Daveluy en 1846 l'or-

ganisation et la direction de l'École française
d'Athènes.

MM. Sédillot, Prieur de la Comble, Lemaire, Bourjot-Saint-Hilaire et Rodolphe Cuvier, — dont les nominations, à titre de sup-
pléants, correspondent aux années 1832 et
1833, portent également des noms à ne pas
passer sous silence. M. Bourjot-Saint-Hilaire,
dont le cours d'histoire naturelle s'est pro-
longé vingt ans rue Caumartin, avait d'a-
bord voyagé en Sicile, pour le compte du
gouvernement, comme élève du Muséum, et
il poursuit ses recherches savantes en Afrique : il a fait paraître une thèse médicale sur
l'éducation de la jeunesse, un mémoire sur
les poissons de la Méditerranée, et un ouvrage
sur les perroquets, avec des collaborateurs.
M. Lemaire professait la rhétorique : il a collaboré à l'édition des classiques faite par son
oncle, la collection-Lemaire; il a donné aussi
une édition particulièrement estimée de la
Grammaire des Grammaires de Girault-Du-
vivier. On doit à M. Prieur une traduction du
Conciones, de plusieurs vies de Plutarque et
de tragédies grecques, ainsi qu'une édition
de classiques latins à l'usage des classes de
grammaire. M. Sédillot, secrétaire générale
au Collége de France, fait encore à Saint-
Louis son cours d'histoire, et son savoir ne

dément pas le sang de Sédillot, l'astronome
et l'orientaliste.

M. Antoine Delatour, — qui signe aussi
Tenant de la Tour, et qui a eu pour maître à
Dijon M. Daveluy, se trouvait déjà à la tête
d'une classe élémentaire, à Bourbon, avant
Juillet 1830, avec M. Lehüeron pour collègue;
il faisait la sixième un an après. Puis il passait à Henri IV, et il devenait précepteur du
jeune duc de Montpensier. Le prince fit son
ancien précepteur secrétaire de ses comman-
dements, et celui-ci, dont le tour était venu
de se montrer reconnaissant, suivit son élève
en exil après le 24 Février. Antoine Delatour a
donc autant de cœur et autant de mémoire
que ses productions en décèlent. Il était poëte,
il est bibliophile; il a écrit souvent dans les
Débats; il a traduit Sylvio Pellico et Man-
zoni. Son premier livre s'appelait : *La Vie
intime*; dans ce joli volume de vers une âme
tendre se révèle, que l'amour enveloppe et
développe, mais que contriste l'adultère, et
qui s'ouvre facilement aux impressions de la
jeunesse pour en savourer le charme toute la
vie.

M. Charles Merruau, — conseiller d'État,
naguère secrétaire-général de la préfecture
de la Seine, avait été le rédacteur en chef du
Constitutionnel et du *Temps*. Dans ce dernier

journal il écrivait déjà, quand il n'était que professeur d'histoire. Or, il avait quitté, en 1833, le collége Louis-le-Grand pour le nôtre; son prédécesseur, M. Ruelle était passé à Henri IV pour devenir recteur de l'Académie de Bordeaux. On avait confié auparavant à M. Merruau une chaire d'histoire à Metz, une de rhétorique à Evreux, une de troisième à Tulle pour commencer. L'administration a valu un rang élevé à cet homme d'esprit si actif, dont la presse avait fait la réputation, et que d'abord l'enseignement avait toujours montré de bon conseil.

M. Petit de Baroncourt, — qui est mort en démence, comme M. Prieur, avait inauguré ses leçons d'histoire sous le provisorat de M. Alexandre; c'est l'auteur de lettres adressées à M. le duc de Broglie sur l'émancipation des noirs, d'un *Tableau politique et statistique de l'empire britannique dans l'Inde,* d'une *Histoire résumée du moyen âge,* d'une *Histoire de France.*

M. Haugou — a mis à profit, en septième et en sixième, son *Cours de Thèmes,* son *Analyse logique,* etc.

M. Fleutelot, — agrégé des classes supérieures, est resté au Collége une quinzaine d'années : on a de lui une brochure sur la Grèce et une édition de Phèdre.

7

MM. Dumont, Taranne, Landois et **Rihouey** — ont également coiffé la toque magistrale dans l'ancien couvent des capucins. Le premier a donné plusieurs précis d'histoire. Le second, né en 1795, a enseigné l'histoire et la rhétorique; il a traduit le *Siége de Paris par les Normands en* 885, poëme d'Abbon, et l'*Histoire des Francs* de saint Grégoire de Tours; la mort l'a trouvé attaché à la bibliothèque Mazarine. Une chaire de quatrième était acceptée en 1840 par M. Landois qui, plus tard inspecteur de l'Académie de Paris, a été chargé de la direction du bureau de l'instruction primaire à l'Hôtel-de-Ville. La classe des mathématiques préparatoires était faite, dès 1847, par M. Rihouey, auteur d'une *Arithmétique*.

M. Bacharach, — maître d'allemand, a été plus heureux que son prédécesseur Liehbaber, lequel était retourné fou à Francfort, sa ville natale, en se prenant pour le roi Louis-Philippe. Auteur d'une *Grammaire allemande*, d'un *Cours de Thèmes*, d'un *Cours de Versions* et d'un *Cours de Saint-Cyr*, l'israélite M. Bacharach est devenu professeur de l'École des ponts-et-chaussées et de l'École polytechnique, examinateur de Saint-Cyr pour la littérature, l'histoire de France, la géographie et l'allemand.

M. Spiers, — qui montre l'anglais depuis l'année 1833, a publié : *Étude raisonnée de la langue anglaise, Cours de Thèmes, Étude de la poésie anglaise, Manuel des termes du commerce anglais et français,* un Bacon et un Robertson l'historien, avec notes , un grand dictionnaire anglais-français et francais-anglais.

Les professeurs en 1850 : — Barni, *philosophie;* Bénard et Desains, *physique;* Briot, *mathématiques spéciales ;* Camus et Amiot, *mathématiques élémentaires;* Miet, *mathématiques accessoires;* Nisard et Durand, *rhétorique;* Jarry de Mancy, Weiss et Petit, *histoire et géographie;* Hubert et Chappüyzi, *seconde;* Raynaud et Herbette, *troisième;* Valatour et Romtain, *quatrième;* Leprévost et Buzy, *cinquième;* Masimbert et Haugou, *sixième;* Chabouillé, Robert, Patry et Bousquet, *classes élémentaires;* Bourjot-Saint-Hilaire, *histoire naturelle;* Marguenin, *rhétorique supplémentaire;* Bacharach, Spiers et Fleming, *langues étrangères;* Deligny, *dessin.*

M. Fleming a fait paraître en 1844 un *Royal-Dictionnaire français-anglais* , de concert avec M. Tibbins ; la librairie Didot en avait donné 14,000 francs aux deux auteurs : c'est plus que ne rapportera l'*Histoire du Lycée Bonaparte,* et il était pourtant plus difficile d'en réunir les éléments. Un complément de la grammaire latine de Lhomond porte la signature Robert. M. Leprévost a inventé un système de traduction juxtalinéaire conformément auquel il a traduit ligne pour ligne Homère et d'autres grands auteurs. Rappelons de M. Ch. Weiss, élève de l'Ecole normale et docteur ès-lettres, l'*Histoire de la décadence de l'Espagne, depuis le règne de Philippe II jusqu'à l'avénement des Bourbons* et un mémoire lu à l'Institut sur les protestants de France au xviie siècle. M. Miet figurait parmi les examinateurs des candidats à l'Ecole de Saint-Cyr, à l'Ecole normale et à l'École forestière, tout en donnant ses leçons au Lycée. M. Briot, neveu d'un membre du conseil des Cinq-Cents, eût été simple agriculteur sans l'accident qui, lui cassant un bras, obligea sa famille à ne plus s'opposer à ce qu'il étudiât. En sortant de l'École normale, il fut nommé professeur de mathématiques à Orléans, et puis d'astronomie à la Faculté des sciences de Lyon ; il eut aussi dans cette ville la direction d'un petit observatoire, et il fut le premier membre d'une société pluviométrique, prévoyant quelques jours d'avance les crues de la Saône. Parmi les livres de M. Briot se distinguent ses *Leçons nouvelles de géométrie analytique*, composées en société avec

M. Bouquet, son successeur à Bonaparte, et un *Traité d'arithmétique*. M. Paul Desains, professeur à Saint-Louis en même temps qu'à Bonaparte, avait été à Stanislas ; il succédait rue Caumartin à M. de la Provostaye, neveu de l'amiral Algan, inspecteur de l'Académie de Paris en 1847, inspecteur-général trois ans plus tard. Des mémoires gros de solutions savantes ont été insérés en collaboration par MM. de la Provostaye et Desains, dans les *Annales de chimie et de physique*. M. Barni, dont les ouvrages nous présentent l'ensemble de la philosophie de Kant, naquit en 1818, fit ses études au collége Bourbon, et il fut secrétaire de M. Cousin en 1841-42.

L'année même qui a précédé le rétablissement de l'Empire n'a-t-elle pas amené dans les colléges encore plus de mutations que le commencement de l'interrègne ? MM. Desboves et Moynier s'asseyaient dans deux chaires de mathématiques au lycée Bonaparte, pendant que M. Deniset, ancien comptable de la caisse Laffitte, était chargé, par innovation, d'enseigner la tenue des livres. M. Gavet, qui venait de Charlemagne et de Saint-Louis, était mis à la tête d'une classe élémentaire : il avait contribué en 1848, comme artilleur de la 8e batterie de la garde nationale, à l'arrestation de Barbès et de Louis-Blanc, en ramassant lui-même la lettre compromettante qui a servi de principale pièce de conviction dans le procès fait à la République représentée par ces républicains. M. Allaire, pourvu d'une autre chaire, la quittait sans demander son reste, pour devenir à Claremont sous-précepteur du comte de Paris. M. Schlesinger, agrégé, prenait la place de M. Bacharach. M. Bouteville, comme suppléant, montrait également l'allemand, après avoir été mis en disponibilité par M. Carnot, comme maître de rhétorique et de philosophie à Nantes. M. Witcomb suppléait M. Spiers.

D'autres professeurs, dont les titres honorables ne figurent pas tous sur leurs états de service, ne tardèrent à prendre part à la direction des exercices du Lycée : MM. Bigourdan, Tombeck et Vacquant, pour les mathématiques pures et appliquées ; M. de Luynes, pour la physique ; M. Doyère, pour l'histoire naturelle ; M. Rousset, pour l'histoire ; M. Perrens, pour la troisième, et ces deux derniers noms nous rappellent des livres que nous serions fâché de n'avoir pas lus avec attention.

Les professeurs en 1862. — Ventéjol, *mathématiques spéciales*; Desboves, Bigourdan, Tombeck et Mauduit, *mathématiques pures et appliquées ;* Marié-Davy, Troost et Fargues de Taschereau, *physique et histoire na-*

turelle ; Lemoine, *logique* ; Weiss, Rousset , Desjardins et Bonnefont, *histoire* ; Durand , Girard , Deltour et Perrens , *rhétorique* ; Herbette, Helleu et Gaucher, *seconde* ; Manuel, Réaume, Cucheval et Gidel, *troisième* ; Valatour, Legouez et Bary, *quatrième* ; Romtain, Bouillon et Debout, *cinquième* ; Masimbert, Evrat et Pasquet, *sixième* ; Spiers, *anglais* ; Charles, *allemand* ; Robert et Debray, *classes élémentaires* ; Chazal, *dessin* ; Deligny, *travaux graphiques*.

ÉLÈVES DE LA PREMIÈRE PÉRIODE : — Camusat, postérieurement notaire, lequel a obtenu le premier prix de version latine en rhétorique au concours général, année 1805 ; Hippolyte Honoré, prix unique de mathématiques transcendantes, même année ; Lapipe, prix de mathématiques au concours de 1806 ; Laimand, contrôleur en chef de la marine beaucoup plus tard ; Pinel, né en 1797 ; de la Malle, né en 1791 ; Ferrère, prix de version au concours, 1806 ; Godard, accessit, *id.* ; Coiffier, Ménétrier et Moure-Maillard, qui ont remporté des succès du même genre l'année suivante ; Lebeau, lauréat en 1808, classe de belles-lettres ; Hercule Cadet de Gassicourt, très-fort en grec, professeur au même collège, puis juge ; de Metz, qui a quitté ensuite une position élevée dans la magistrature pour se mettre à la tête de la colonie de Mettray ; Dupond, plus tard maire de Corbeil ; Margueron, Lavoine et de la Ferté, lauréats en 1809, ainsi qu'Antoine Prumier, maître ensuite de mathématiques, puis de harpe au Conservatoire ; Daussy, devenu ingénieur hydrographe

en chef, astronome du bureau des longitudes; Doyen;
Raiset; Aubernon frères, l'un pair de France dans la
suite; le Mis de Saint-Mars, neveu du général; de
Mendoza, dont la famille tenait un rang élevé en Portugal, réduit sous la Restauration à une place dans
une pension; les frères Marey-Monge; Mas de Saint-
Maurice, postérieurement capitaine de port à l'île
Bourbon; Vte de Cornudet, maintenant membre du
conseil général de la Creuse; Labat, vétéran de rhétorique en 1811; Dannery, Américain; Cotignie et
Déculleville, même époque; Giraudeau, négociant,
père d'élève; les deux Troupenas, musiciens, éditeurs
de musique; Favier, inspecteur général des ponts et
chaussées; Arthur Féline, beau-père de M. Girod (de
l'Ain); Mallet, régent de la Banque, ou son frère ou
tous deux, suivis de fils et de petits-fils au même lycée; trois Maison, fils du maréchal, dont un est devenu colonel, un autre préfet; Harrouard, rhétoricien
de 1812; Buret ou Burel, faisant à la même date
sa 2e année de grammaire; André Haussmann, en
mathématiques élémentaires, toujours la même année;
Rogier, *id.*, puis ambassadeur du roi des Belges à
Paris, et Duchayla, en classe supérieure, élève de l'E-
cole polytechnique en 1814, ultérieurement chef de
bataillon du génie; Duflos et de Rihouet, de la Cour
des comptes; le Cte de Neufchâteau, fils du ministre;
le Pce Théodore de Bauffremont; Dutrey, ensuite professeur au Collége, puis inspecteur d'Académie, président officiel de la distribution des prix en 1833; La-
casse, notable entrepreneur de bâtiments, dont le fils
a suivi les cours du même lycée; Rougevin, architecte
des Invalides, et père d'élève également; le colonel
Pontécoulant, astronome; Hua, juge; Garat, secrétaire
général de la Banque; les deux Jurrien, celui-ci con-

seiller à la cour, celui-là directeur des services ad-
ministratifs à la Marine ; le Cte du Barry de Grandval,
pair avant juillet 1830 ; le baron Silvestre ; Censier.
chef de division à l'Assistance publique ; Biling, ambassadeur ; Jauge, banquier de la duchesse de Berry,
et ayant eu depuis ses deux fils au Collége ; les deux
Philippe, l'un traducteur de l'*Art d'aimer* d'Ovide,
l'autre colonel ; Riault, procureur général à l'île Bourbon ; Aufray, magistrat au Mans ; Alexis Wolf, général ; Fouché, duc d'Otrante, fils du ministre de la police, mari d'une jolie duchesse, qui a brillé sans lui
dans la Chaussée-d'Antin ; Douville , garde-du-corps
sous la Restauration ; le duc d'Abrantès, fils de Junot ;
les trois Cerfbeer, le premier colonel et député, le second
bien placé dans l'administration, le troisième capitaine
d'artillerie, puis auteur dramatique et commanditaire
de l'Opéra-Comique, sans compter les Cerfbeer de la
génération suivante, qui ont suivi les mêmes classes ;
le Mis de Strada, écuyer-cavalcadour de Charles X,
écuyer de Louis-Philippe ensuite, et dont le fils fut
aussi des nôtres ; les trois Boucly, l'un 1er président de
la Cour d'appel de Rennes ; le Bon Denois, consul à Mi -
lan ; Carpentier, architecte ; Emile Desages, chef du
bureau politique au ministère des Affaires étrangères,
et son frère ; Jacquemin, commissaire de police à Paris ;
Morard de Galles, fils de l'amiral; de Vitt, le descendant
du célèbre pensionnaire ; Sépolina, consul de Belgique
à Naples ; Adrien Moncey, fils du maréchal ; Barbary,
chef du bureau du génie au ministère de la Guerre ; le
colonel d'état-major Leroux, littérateur ; Beaudemou-
lin, ingénieur en chef des ponts et chaussées ; James
Rousseau, spirituel viveur, qui a écrit avec moins de
succès ; Crétu, employé supérieur du ministère de la
Guerre, fils de Crétu, directeur des Variétés, et de

Mme Crétu, actrice brillante à l'Opéra-Comique; Marcelin de Fresne, secrétaire général de la préfecture de la Seine, puis conseiller d'Etat; L. A. Richy, correspondant littéraire d'un journal belge, et enfin Perpigna, ce père d'un autre élève, cet auteur du *Manuel des Inventeurs et des Brevetés*, qui jadis obtenait en philosophie le prix d'honneur du Lycée, bien qu'il eût composé en latin et tout le reste de la classe en français. Plus de la moitié des élèves que nous venons de passer si rapidement en revue ont cessé de vivre. Évoquons d'autres noms qui ne se rattachent pas moins à ce qu'ont peut appeler l'histoire ancienne du Lycée.

RINN. — De tous les pauvres locataires que la Révolution avait logés dans le ci-devant cloître des capucins, un seul parvint à conserver un gîte dans le nouveau lycée, en s'y faisant garçon de classe. Ce brave homme, qu'on appelait Jacob, fut attaché par Lakanal au bureau de l'économat, bien qu'il eût à reconduire, comme Michel et les autres garçons, les élèves que les professeurs renvoyaient par punition pendant la classe, service qui rapportait six sous par élève renvoyé à la caisse commune desdits garçons. L'enfant de Jacob avait moins de sept ans, lors de l'ouverture du Collége, et sa figure annonçait une intelligence qu'il eût été cruel de ne pas développer par l'instruction; les professeurs, afin de consacrer par une bonne action la destination nouvelle du local, adoptèrent en quelque sorte le petit Rinn, fils de Jacob, et puis le placèrent à leurs frais dans la pension Bintot. Ce grain, trop bien semé pour ne pas porter fruit, produisit au Lycée neuf moissons plantureuses de nominations au concours, depuis 1808 jusqu'à 1816, et la principale gerbe de la dernière récolte était un prix d'honneur.

Rinn entra à l'Ecole normale, fut professeur à Orléans, à Sainte-Barbe-Rollin, maître de conférences à l'Ecole, suppléant de M. Le Clerc à la Faculté, pour le cours d'éloquence latine, professeur de rhétorique à Louis-le-Grand, proviseur à Versailles, puis à Louis-le-Grand, et c'est dans son appartement de proviseur que mourait le père de Rinn, bien qu'il n'eût cessé d'être garçon de classe au collége Bourbon que du temps de M. Alexandre.

D'AUDIFFRET. — Deux frères s'asseyaient sur les bancs du Lycée, le jour même de l'ouverture : le plus jeune qui, l'année suivante, était le plus fort de sa classe en discours français, devint avec le temps receveur général à Nantes; la présence officielle de l'autre, maintenant membre de l'Institut, président honoraire de la Cour des comptes et sénateur, à la distribution des prix de 1861, rappelait sa qualité de membre du comité de haut patronage du **Lycée**, institué par le ministre en 1855. Le marquis d'Audiffret, d'une famille très-ancienne du Dauphiné, entra à 18 ans dans l'administration des finances, sous les auspices du comte Mollien. Les Cent-Jours n'ébranlèrent pas sa prédilection pour le gouvernement de la Restauration, et qui s'en douterait aujourd'hui? Mais la révolution de Juillet a laissé des illusions, auxquelles une autre révolution a porté ensuite le coup de grâce. De premier commis des finances, d'Audiffret passait président à la cour des comptes en 1829; huit ans après il devenait pair de France. Le plus important de ses ouvrages a pour titre: *Système financier de la France.*

LACAVE, — représentant du peuple et maire d'Orléans, appartenait au parti de l'ordre sous la dernière république. Il avait fait de bonnes études, et il était entré à l'Ecole polytechnique, pour devenir ingénieur des ponts-et-chaussées. Son père, comédien ordinaire de l'empereur, comme Talma et Mlle Mars, était pourtant d'une médiocrité à indisposer le public chaque fois qu'il entrait en scène.

BERRYER. — Paris a donné le jour à Pierre-Antoine Berryer le 4 janvier 1790. Son père, jurisconsulte distingué, lui a fait faire la moitié de ses études à Juilly, et l'autre à Bo-

naparte : chez nous les plus hautes classes.
Enrôlé en 1815 parmi les volontaires royaux,
l'élève du lycée Bonaparte était dès lors sin-
cèrement libéral, car le roi rendait la parole
au parlement et à la presse, et ce volontaire
royal n'a pas laissé de mettre son talent d'a-
vocat au service du maréchal Ney, du général Dibelle et de Cambronne. Il a plaidé aussi
pour Michaud, de la *Quotidienne*, M. Decazes
étant ministre, et contre les rédacteurs de la
Gazette de France dans le procès La Chalotais. Ah ! si la liberté n'a pas d'autre adversaire que l'éloquence, ses affaires vont au
mieux. La parole qui sait persuader et pas-
sionner exerce peu d'empire quand l'auditoire
n'est pas nombreux ; arme hier, bouclier demain, elle perdrait la moitié de sa force à ne
suivre qu'un parti pris, et jamais elle ne
grandit qu'en abaissant l'orgueil, en démas-
quant la perfidie, en honorant le dévouement,
en résistant à l'oppression et en sauvegardant
une idée, un sentiment ou une gloire ! L'orateur politique Berryer, tout en demeurant
l'avocat d'une dynastie exilée, est depuis longtemps une gloire nationale. L'Académie
française, en 1854, lui a décerné le fauteuil
de M. de Saint-Priest.

AUGUSTIN GIRAUD et SAVALETTE. — Les deux
prix de version et les deux prix de thême au

concours général firent du bruit en 1806. Deux lauréats, qui se les partageaient, étaient au lycée Bonaparte les élèves de M. Barbié-Weymar, rédacteur de l'*Hermes romanus*, journal en latin. On accusait ce professeur, qui avait été de service lors des deux compositions, d'avoir fait choisir des sujets traités en devoirs et corrigés quelques jours avant dans sa classe. Aussi bien le nom des vainqueurs fut proclamé au milieu des murmures ; les autres lycées protestaient. La quatrième proclamation fut surtout très-mal accueillie et fit dégénérer les bruits sourds en vacarme ; néanmoins la couronne de chêne, à laquelle l'opinion ajoutait des épines, fut maintenue par le président sur le front de l'élève nommé : le jugement était sans appel. L'un des deux lauréats s'appelait Savalette ; il est mort chef de division aux finances. Deux frères, qui lui ont survécu, ayant été élèves du même collége, sont devenus : le premier, conseiller-maître à la cour des comptes, et le second, entrepreneur du pavage de Paris. L'autre élève de Barbié-Weymar était Augustin Giraud, maire d'Angers, destitué par M. Molé et rétabli par M. Duchâtel, souvent en lutte avec M. Freslon dans le sein du conseil municipal. Giraud qui fut, en outre, député et puis représentant du peuple, a donné de jolis bals à ses compatriotes.

LÉTANG. — Le général baron de Létang, sénateur, était déjà sous-lieutenant de cavalerie en 1807, et déjà il avait suivi les cours de MM. Poinsot et Delacroix au Lycée. Les faits d'armes de Dresde et de Leipsick lui valurent le grade de chef d'escadron, et il arriva plus tard colonel en Afrique, pour en sortir lieutenant-général. Le frère du sénateur a souvent écrit dans les journaux, et quelquefois pour le théâtre, sous le nom de Marville.

BRUSARD. — A qui donc fut donné le premier *pensum* du Collége? A Brusard, par M. Dumouchel, que cet ancien élève de l'école des Quatre-Nations avait appelé l'*Apostat*. Un économe intérimaire du même nom, et qui pouvait bien ne pas être autre, a fait le service de M. Lakanal, que les plus mauvaises langues surnommaient *la Canaille*, avant l'installation officielle de M. Rendu.

CHARLET, — fils d'un dragon de Sambre-et-Meuse, fut dans les *cancres* au Lycée, et au lieu de passer notaire, professeur ou ingénieur, comme la plupart des lauréats, il s'ouvrit un autre champ d'études au bout duquel il arriva célèbre. Le bureau du recrutement, à la mairie du IIe arrondissement, était son premier atelier ; il y croquait tous les conscrits dont il avait à prendre le signalement, en sa qualité d'employé. Charlet, en 1814, combattit bravement à la barrière de Clichy, et il perdit sa place, comme bonapartiste, à la seconde rentrée des Bourbons. C'est alors qu'il entra dans l'atelier de Gros. Il n'eut besoin, pour se faire connaître, que d'une lithographie : *La garde meurt, et ne se rend pas*. Géricault devint son ami. Les gamins, les enfants de troupe et les grognards de cet autre Callot, dont l'ironie elle-même est un éloge, composent une galerie de types populaires qui ont fait créer le mot *chic*. Ses héros avaient existé, et il est allé les rejoindre en 1846.

LASSAGNE, — né en 1792, entra des premiers au lycée Bonaparte; il en sortit pour faire des vaudevilles qu'il signait Hippolyte, notamment les *Singes*, au Vaudeville, et il eut Désaugiers parmi ses collaborateurs. Il fit aussi *La Noce et l'Enterrement* en société avec Alexandre Dumas, pièce en trois actes, à couplets, jouée sous la Restauration au théâtre de la Porte-Saint-Martin. Lassagne, attaché aux bureaux de la maison du duc d'Orléans, devint, après 1830, sous-secrétaire du cabinet du roi.

ANCEAU et DOUY, — lauréats de 1811 et de plusieurs autres années, sont entrés du même pas d'abord dans l'Université, comme professeurs au Collége. Mais le premier est mort dix ans plus tard au lycée de Versailles. Le second, professeur à Bayeux et à Cahors, n'avait pas mis assez d'eau dans son vin : il est devenu prote.

F. RAGON, — élève de la pension Hix, y rapporte six fois du concours général et du Lycée couronnes et mentions honorables, avant de suivre la carrière de l'enseignement, qui le ramène pour longtemps au berceau même de ses études. Vingt-trois ans professeur d'histoire et de rhétorique à Bourbon, il n'en quitte à la fin les classes que pour reparaître, plus tard, comme proviseur intérimaire, bien que déjà inspecteur-général. Des ouvrages de Ragon sont un peu partout, soit l'*Abrégé de l'histoire des temps modernes*, soit les autres précis d'histoire qu'il a écrits, soit sa traduction de Florus, soit enfin de ses vers, ses *Poésies bibliques*, la traduction d'Horace, celle d'un poëme de Byron ou celle du Camoëns. Son homonyme et son parent, ancien élève d'un temps plus rapproché, brillant officier en Crimée, est aide de camp du prince Napoléon.

PAUL DE BOURGOING. — Fils d'un ambassadeur, qui l'initiait lui-même à l'étude des langues étrangères et à la science ethnographique, il débuta comme officier des tirailleurs de la garde et fit la campagne de Russie. Diplomate sous les règnes suivants, et ambassadeur à Madrid en 1850, le baron de Bourgoing est actuellement sénateur, comme il a été pair de France.

MAGNAN. — Un des élèves du premier jour, qui eut pour condisciple son frère, blessé à Waterloo, exilé volontaire ensuite, est aujourd'hui le maréchal Magnan, grand-veneur de l'empereur, commandant supérieur du Ier arrondissement militaire. Il naquit à Paris en octobre 1791, s'engagea en 1809, fut en Espagne soldat, sous-officier, sous-lieutenant, lieutenant et capitaine, sous les généraux Ney, Masséna, Marmont, Reille et Soult; entra dans la garde impériale, et déjà officier de la Légion d'honneur, pour y faire la campagne de Waterloo; dans la garde royale, capitaine adjudant-major; chef de bataillon dans la ligne en 1817; au 60e régiment, comme lieutenant-colonel en 1822; en Espagne de nouveau, en 1823, aux ordres du maréchal Moncey, et il y gagna la croix de Saint-Louis; colonel au 49e, où il fut nommé commandeur, et cité pour la troisième fois à l'ordre du jour de l'armée, pour sa conduite à la bataille de Staoüli et sous les murs de Bone. Quelle filière honorable

de belles actions et de services assidus, a
fait passer le soldat général en 1839, et à la
tête d'une division en 1845 seulement!

Cette magnifique feuille d'états de service
n'a pas de couleur politique, et c'est pourquoi
il n'a pas fallu moins de 36 ans pour la remplir, sans que la faveur y ait tracé une ligne. Il
est vrai que Magnan a des opinions libérales,
mais comme le général Foy et Royer-Collard,
Martignac, Laffitte, Casimir-Périer. A Lyon,
en 1831, ne perd-il pas un commandement,
pour avoir apaisé, au lieu de la punir, une première émeute dans cette ville, émeute amenée
au surplus par une question de salaire dont les
brouillons ont profité pour arrêter le travail
des canuts? Il est, quelques années après, à
la tête d'un corps d'armée belge, en vertu
d'une mission, et c'est pendant qu'il tient
tête glorieusement aux Hollandais, qu'on lui
confère en France le titre de maréchal-de-
camp. La belle occasion pour Magnan de
s'afficher comme bonapartiste, lorsque son
témoignage est demandé à l'occasion de l'é-
chauffourée de Boulogne! Mais il ne tran-
sige pas avec les idées d'ordre, qui lui vau-
dront jusqu'à l'estime du prince contre lequel il dépose d'une voix ferme.

Le 24 février, il se trouve à Paris, après
une longue tournée d'inspection départe-

mentale, et il va se ranger sous le commandement du général Rulhière : il accompagne
ainsi, en uniforme, la duchesse d'Orléans
jusqu'à la Chambre, et il ne se sépare de la
princesse qu'à l'entrée de cet hémicycle où,
pour entrer, il faut être député, ministre,
membre de la famille royale, ou la Révolution.
Le gouvernement provisoire envoie donc,
par disgrâce, l'officier-général commander
en Corse une division sans soldats. Mais
M. Arago, ministre, le rappelle, et lui confie
la troisième division d'infanterie de l'armée
des Alpes : division qui fait 120 lieues en
sept jours au mois de juin 1848. L'année suivante, une semaine avant la bataille de No-
vare, Charles-Albert fait offrir le commandement en chef de son armée à notre général ; mais cet honneur, qu'il a sollicité plus
tôt, il doit à son grand regret le refuser, tant
il est dangereux de mener au combat une
armée qui connaît à peine le nom de son
chef ! De nouveau, Lyon s'insurge la même
année, et cette fois, comme tant d'autres, il
faut nécessairement recourir à la force pour
mettre fin au plus affreux désordre. Magnan,
pendant l'absence du maréchal Bugeaud, est
à la tête de 55,000 soldats ; il les va mettre
avec abnégation, et pour que l'unité préside
aux mesures à prendre, sous les ordres du

général Gémeau qui commande le territoire.
Le maréchal a dit à Magnan : En cas d'insurrection à Lyon, je m'étais réservé l'attaque de la Croix-Rousse ; prenez mon rôle.
Donc il a une route tracée, et il la suit, lui,
général en chef, comme il s'est conformé,
soldat, à la consigne. La Croix-Rousse cède
après 400 coups de canon ; sur d'autres
points les barricades sont prises, et 200 in-
surgés se rendent. Cette rapide victoire, dont
Paris lui sait gré, vaut 150,000 voix au général, qui est élu représentant. A la même
date, il se voit investi du commandement
d'une nouvelle armée de 30,000 hommes,
envoyée aux frontières du Rhin.

Puis, général en chef de l'armée de Paris,
le représentant démissionnaire a pris la
plus grande part au coup d'Etat qui a réduit
les factions au silence, après quatre ans
d'une surexcitation tellement vive, il faut en
convenir, qu'on était las de toutes les libertés.

Magnan fils, que son père s'est bien gardé
de mettre dans un collége différent, en fera
sans doute autant pour les enfants que son
mariage récent fait espérer.

BEAUVAU. — Charles de Beauvau, prince du
Saint-Empire et grand d'Espagne, recevait
en 1810 une sous-lieutenance dans la cavale-

rie. D'une autre génération, le prince Marc de Beauvau, député de la Sarthe au Corps législatif, est des nôtres depuis moins longtemps.

Lubbert — dut à la protection de son oncle Garat, le sénateur, un emploi d'inspecteur de la loterie; mais il dut également à Garat, le chanteur, le goût de la musique, et il en composa, il voyagea, il devint l'ami de Rossini : *Amour et Colère*, dont il avait écrit la partition, fut joué à Feydeau. Directeur de l'Opéra pour le compte de l'État en 1827, Lubbert y monta *Guillaume Tell*. Quelques années plus tard il prenait l'Opéra-Comique à ses risques et périls : l'entreprise ne réussit pas. On le revit ensuite à la Renaissance. Puis quel fut le nom, s'il vous plaît, du directeur des Menus-Plaisirs du pacha d'Égypte? Emile-Timothée Lubbert.

Lévis. — Après toutes les expériences que les révolutions et les restaurations nous ont fait faire depuis 89, il n'est permis d'avoir des préférences pour une forme de gouvernement qu'à la condition de respecter les prédilections opposées. C'est pourquoi le duc de Lévis doit inspirer à tout le monde beaucoup d'estime pour son caractère et beaucoup d'admiration pour son dévouement inaltérable à la cause d'un proscrit, dont l'éloignement ne saurait faire un paria.

La poésie de l'exil et du martyre a décerné, en d'autres temps, une véritable
apothéose au grand capitaine désarmé qui
avait tout sacrifié à la gloire, et trois rois
ont subi successivement une comparaison
qui n'était à leur avantage que par les concessions libérales de la Charte. Depuis la
chute du premier empire, d'autres vides se
sont creusés, se sont approfondis, sans en-
gloutir le souvenir d'une race trop ancienne
dans l'histoire de France pour que son reje-
ton direct n'ait pas emporté avec lui un peu
du sol de la patrie.

La fortune du duc de Lévis assurait son
indépendance; mais il a quitté son hôtel
et son château volontairement pour se contenter, à Kirchberg, des deux pièces man-
sardées dont son appartement se composait
chez le comte de Chambord. La résidence de
Frohsdorff, plus spacieuse, avait pourtant
suffi antérieurement à la veuve de Joachim
Murat.

Gaston de Lévis, né une année après la
mort de Louis XVI, recevait sous l'Empire un
brevet de sous-lieutenant, comme d'autres
héritiers d'un grand nom. Le duc d'Angou-
lême l'avait pour aide-de-camp en 1814, et il
faisait la campagne d'Espagne en 1823, celle
de Morée en 1828, avec le grade de colonel.

Pair de France démissionnaire en 1830, il avait épousé, neuf ans auparavant, M de la Feuillade.

Le duc de Lévis assistait aux réunions annuelles d'anciens élèves du Collége, qui eurent lieu chez Champeaux pendant dix ou douze ans.

GASPARD DE PONS — publiait dernièrement un nombreux recueil de vers, qu'il avait longtemps hésité à réunir. L'indécision paraît être son défaut : a-t-on le droit de lui en vouloir dans une époque versatile comme la nôtre? Il n'appartient résolûment à aucune des opinions de ce temps-ci ; il blâme à tour de rôle tous les partis : l'histoire n'en fera pas d'autres. Dans le monde, où souvent nous avons rencontré ce vétéran du bel esprit, que de fois il ouvrait la bouche, comme pour prendre la parole, heureux quand on la lui coupait ! Mais il écoutait avec tant d'animation, avec une pantomime si expressive, et il souriait si à propos, il tournait si bien les talons quand on parlait pour ne rien dire, qu'il prenait part au dialogue sans donner prise à la réplique. La seconde moitié de sa vie aura été probablement la contre-partie de la première. Le *Mercure du XIXe siècle* et l'*Oriflamme* ont eu du comte de Pons un courrier de Paris, intitulé *Sabbat,* qui paraissait le samedi, et d'autres articles spirituels. Le plus goûté de ses livres, sous la Restauration, était *Charles d'Albret ou l'Écuyer du connétable de Bourbon.* L'auteur avait été précédemment capitaine d'infanterie et fort en grec au lycée Bonaparte.

BIGNAN, — né à Lyon le 3 août 1795, est entré au Lycée à 13 ans, comme externe libre; il y a pris l'habitude des couronnes. L'Académie française n'a pas eu trop de quatre grands prix pour répondre à ces vers corrects et bien tournés qui ont fait corps ensuite avec des *Poésies* en deux volumes. Le même auteur a traduit en vers bien carrés l'*Iliade*, l'*Odyssée* et tous les petits poëmes qu'on attribue à tort ou à raison au géant de la poésie grecque. Notre célèbre lauréat a publié encore des poëmes évangéliques et divers romans historiques très-bien écrits, tels que *Une Fantaisie de Louis XIV, Louis XV et Fleury, Le dernier des Carlovingiens*; il a inséré des articles de critique littéraire dans le *Moniteur* et les *Débats*. Notre critique, quant à nous, s'est bornée, dans une édition précédente, à une observation soumise au traducteur d'Homère : il est classique, remarquions-nous, et cependant il est imbu d'une idée des plus romantiques lorsqu'il veut que le poëte, au lieu de fouler des roses

sous ses pas, aille s'atteler au char de l'É-
tat. Nous avons vu à l'œuvre, sous la dernière république, le plus grand poëte lyrique
des temps modernes, et nous n'avons trouvé
en lui ni un pilote parlementaire, ni un prophète politique. Bignan, selon nous, a eu
tort, en 1845, de comprendre la mission du
poëte au XIXe siècle de la manière que voici :

La lyre est aujourd'hui le fanal populaire
Qui, dominant de haut sur de libres chemins,
    Doit à sa clarté séculaire
Vers un autre avenir diriger les humains.
Que la Muse enhardie aspire aux grandes choses!
Les ans ont desséché les myrtes et les roses
    Que les jeux semaient sous ses pas ;
Les rois flattés par elle ont vu briser leur trône ;
Qu'elle chante le peuple, afin qu'il la couronne
    De palmes qui ne mourront pas !

L'école nouvelle accablait de ses mépris
un poëte généreux, qui pardonnait sans ré-
criminations, mais qui sortait vainqueur des
tournois réguliers de la littérature, non-seulement à Paris, mais encore à Cambrai, à
Liége, à Lyon, à Avignon et à Toulouse. La
province, comme on le sait, avait moins de
confiance que Paris dans un romantisme ef-
fréné qui a fini par s'y mettre aux affaires.

Que si Bignan a pris une couleur politique,
ce n'est pas dans les rangs de ce qu'on consi-

dère comme le parti rétrograde. En faut-il
une preuve? la voilà :

> De vertus, de raison, de talents susceptible,
> S'il n'est pas né parfait, l'homme est né perfectible,
> Et voit, à chaque siècle, un nouveau grain jeté
> Sur le sol du génie et de la liberté.

Si ce ne sont pas là de très-beaux vers,
c'est qu'il vous les faut creux.

Sans la chute de Charles X, queVictor Hugo
et Bignan avaient couronné de leurs vers,
celui-ci avant celui-là aurait été un des quarante. Heureux les poëtes quand ils ne prévoient pas une catastrophe politique ! Est-ce
que Ronsard et Charles IX lui-même, en
échangeant de jolis vers, avaient songé à la
Saint-Barthélemy ? D'où vient-il, au contraire, que le moins littéraire de tous les règnes ait suivi l'avénement au trône du plus
grand homme des temps modernes ? Règne
plein de vie et d'éclat ! Mais pas un écrivain un
peu bien inspiré n'y croyait au lendemain. La
révolution de Juillet n'aurait pas arrêté l'essor
académique de Bignan, sans la consistance
impérieuse que prenait à la même époque la
nouvelle école littéraire. Part est faite, et très-
large part, aux novateurs de ce temps-là, et
les questions soulevées par eux avec audace,
avec talent, ne passionnent plus âme qui vive.

Ces considérations nous ont fait dire : Pourquoi l'Académie ne renouerait-elle pas la chaîne des temps, en rappelant dans son sein l'enfant sublime de ses anciennes prédilections ?

M. Houssaye a bien parlé d'un quarante et unième fauteuil, qui nous paraît un fauteuil à bascule, et il y a fait asseoir Hégésippe Moreau, Béranger et Gérard de Nerval, pour lui tenir la place chaude. Mais ces trois poëtes, quel que soit leur mérite, ont-ils jamais rien eu d'académique ? Molière lui-même, premier génie du monde, et Piron, et Jean-Jacques Rousseau étaient populaires de bonne heure : pour le péage académique ce n'était pas la somme qui leur manquait, c'était l'appoint, payable en une monnaie qui n'a pas cours chez tous les écrivains. Si vous voulez un Panthéon vivant, ne frappez pas uniquement à la porte de cette illustre compagnie, dans laquelle Richelieu a fondé un conservatoire. Alexandre Dumas, par exemple, a voulu en franchir le seuil, dans les meilleures années de sa vie littéraire, et il fait encore quarantaine au lieu de passer quarantième : est-ce à dire que Dumas manque d'élévation comme auteur dramatique, d'imagination comme romancier, et d'esprit à tout bout de champ ? La loi salique n'est pas la seule raison qui

tiendra toujours éloignée du même sanctuaire Mme Sand, bien qu'elle réunisse ailleurs tant de suffrages au scrutin secret! Il
ne suffit donc pas d'un beau nom littéraire
pour être cautionné par la majorité qui fait les
académiciens : il faut au candidat des ancêtres
littéraires qui l'apparentent avec la compagnie, ou de nombreux disciples qui l'aient fait
maître. Dans ce dernier cas seulement il peut
enlever d'assaut une place défendue par des
traditions qui ne doivent résister à l'introduc-
tion de traditions nouvelles que comme une
fille honnête résiste à l'inconnu qu'elle adore
peu de temps après. L'habit aux palmes vertes,
qui ne sied pas à tout le monde, est aussi, à
certains égards, une affaire d'étiquette et de
cérémonies ; ceux qui le portent sont les
gardes-du-corps de la langue et de l'esprit
qui règnent en France et qui gouvernent le
monde. Est-ce que les grands écrivains sont
toujours disposés, d'une part, à payer ainsi
de leur personne, et, d'autre part, à abdiquer
en quelque chose leur personnalité au profit
d'un ordre moins libre, communauté rétrospective, arrière-garde des idées et des mots
dont elle fixe la valeur? Le génie, au contraire, peut dédaigner isolément, et même
avec affectation, ces prétentions, cette vigilance et ce décorum héréditaires, dont on a

toujours pris à cœur de perpétuer la tradition variable, mais infiniment moins prompte à se déjuger que l'opinion publique. L'institution plusieurs fois séculaire perpétue, en revanche, l'empire intellectuel exercé par l'esprit français. Tout doit être permis au génie, sans que l'Académie française bouleverse sa raison d'être, aréopage supérieur qui ne retient aucun élan à sauvegarder toutes les conquêtes. Les quarante sénateurs de la république des lettres seraient bien moins autorisés s'il ne se pressait pas autour de leur enceinte un nombre illimité de littérateurs et de lettrés, qui osent davantage, qui s'aventurent à loisir par l'inspiration surmenés, et qui discutent sans contrôle jusqu'aux votes de la compagnie. L'opinion générale, ajoutions-nous, désigne depuis longtemps aux suffrages de l'élection académique le poëte Bignan, bien qu'il ne les ait pas brigués.

P. S. En ces termes nous parlions d'un poëte dont le courage, pour être relevé, avait encore besoin d'éloges; mais il suffit de quelques lignes ajoutées à cette notice pour en faire tout à coup un article nécrologique.

On a lu dans le *Journal des Débats* du 28 novembre 1861 :

« Nous recevons à l'instant de Pau, par le télégraphe, une bien triste nouvelle : notre collaborateur, no-

tre ami, M. Bignan, vient d'y succomber aux suites
d'une maladie du larynx. Il s'était fait un nom très-
distingué dans les let res ; la société avait pour lui
autant d'estime que d'affection. Les quelques mots de
souvenir que nous lui consacrerons plus tard seront,
nous en sommes certains, devancés par les regrets
universellement donnés à sa mémoire. »

Paul Duport. — Cet auteur dramatique a
fait jouer *Kettly,* composée avec M. Duvert;
Une Dame de l'Empire, avec Ancelot; le *Cha-
peron,* avec Scribe, *l'Auteur et l'Avocat,* en
trois actes et en vers au Théâtre-Français;
Marie Mignot, Dieu vous bénisse et 200
autres actes. Il signait d'abord ses ouvrages
du nom de Paulin; mais le directeur du
Gymnase fit imprimer son vrai nom sur l'affiche le lendemain de la première représentation de la *Fille de l'Avare,* et comme l'auteur s'en plaignait : — Faites-moi un procès, lui dit l'impressario... Au même théâtre
Duport donna la *Vendéenne,* pour le début
de Mlle Rachel, avec le *Prix de Rome,* pour
le début de Mlle Davenay. Ces deux jeunes
actrices, dès les premières répétitions,
avaient été jugées aussi mauvaises l'une que
l'autre. Il avait pourtant fallu disputer au
Théâtre-Français Mlle Savenay, qui avait joué
chez M. de Castellane, et qui plus tard passa
au Cirque : personne élégante, mais de

glace! Quant à l'autre débutante, on ne la jugeait bonne qu'à jouer à la *fayousse*.

Né le 22 avril 1790, Duport avait pour père un auteur dramatique et pour oncle un danseur fameux. Il a d'abord écrit des *Essais sur Shakspeare*, et il gardait pour soi le feu sacré de la haute littérature tout en brochant des vaudevilles lucratifs. A l'entendre lire à haute voix, on reconnaissait un élève d'Andrieux, dont il avait peut-être suivi les leçons au Collége même, bien qu'il eût fait plus de classes à Charlemagne qu'à Bourbon. Toutefois il était sur nos bancs lorsque le roi de Rome vit le jour. Au vingt-unième coup de ce canon qui annonçait un héritier à la Couronne et un congé à l'Université, tous les élèves se levèrent à la fois, et aucune classe ne put être terminée.

GIDE — est le fils d'un libraire du passage des Panoramas. La librairie, heur ou malheur, s'attache fréquemment plusieurs générations de la même famille. Casimir Gide, bien qu'éditeur d'ouvrages importants, a une autre corde à son arc. De sa composition est la musique du ballet la *Tentation*, et de plusieurs romances qui ont fait les délices des salons. Son neveu, peintre d'histoire, n'a suivi qu'une partie des classes au même lycée.

EDOUARD ALLETZ, — né à Paris en 1798,

devait le jour à un commissaire de police, auteur d'un *Dictionnaire de la Police*. Alletz fit des vers, bien des vers, en sortant de pension : par exemple, *Walpole*, poëme dramatique en trois chants ; la *Nouvelle Messiade*, poëme encore ; l'*Institution du jury en France*, poëme quand même. Ce rédacteur en chef de l'ancienne *Revue européenne*, écrivit aussi dans d'autres recueils périodiques. L'Académie française décerna un prix de 4,000 francs à son ouvrage intitulé *De la Démocratie nouvelle, ou des Mœurs et de la puissance des classes moyennes en France*. Les *Aventures d'Alphonse Doria*, roman, et *Essai sur l'homme, ou Accord de la philosophie et de la religion*, sont des productions du même auteur ; mais voici son chef d'œuvre : *Esquisses de la souffrance morale*. M. Guizot nomma Edouard Alletz consul à Venise ; la révolution de Février le révoqua de ses fonctions, et le journal *Le Pays* l'eut pour rédacteur assidu ; enfin le prince-président le renvoya, comme consul, à Livourne. Il mourut là.

Vivien. — Avocat à Paris et procureur-général à Amiens, membre du conseil d'État et puis de l'Institut, il a éclairé par un traité particulier la législation en matière de théâtre. Bien que le dernier roi l'ait nommé pré-

fet de police et garde-des-sceaux, il a marqué,
comme député, par l'indépendance de ses
votes. Représentant du peuple ensuite.

GRESLAN,—né à l'île de la Réunion en 1799,
est fait prisonnier par les Anglais à l'âge de
8 ans ; son éducation commence par la boxe
au milieu d'enfants plus âgés, et il devient
de force à restituer un peu plus tard à d'autres jeunes Anglais, ses condisciples au lycée
Bonaparte, les coups de poing de la captivité.
Le comte du Greslan, qui a eu des prix au
concours, est mousquetaire en 1814 ; il fait
son droit ensuite, et il franchit dans son pays
plusieurs degrés de la hiérarchie judiciaire,
en traduisant pour son plaisir et Horace et
Anacréon. Magistrat démissionnaire en 1848,
il se fait rédacteur en chef d'un journal du
cru, organe libéralement contraire aux idées
révolutionnaires, et le profit le plus clair qu'il
en tire consiste en plusieurs coups d'épée sur
le terrain. Il présente sa candidature de représentant colonial à l'Assemblée ; ses con-
currents répandent parmi les noirs qu'il travaille un projet de loi pour le rétablissement
de la traite, ce qui met en danger sa vie.
Mais sa profession de foi l'emporte, et le nouvel élu s'embarque.

Paresseux comme une couleuvre quand il
n'est pas vif comme la poudre, le créole à

Paris étonne beaucoup de monde : on se demande comment une existence aussi active que la sienne a pu être compatible avec les habitudes d'un gentilhomme qui se lève toujours après l'heure où l'Assemblée entre en séance, et qui y grelotte à sa place, quand ses collègues ont trop chaud ! Néanmoins l'ancien mousquetaire et quelques autres volontaires du même corps, devenus également représentants du peuple, sont a leur poste, les jours de grande mêlée, avant que la montagne et le centre gauche se soient coalisés contre le parti catholique, et parfois leurs efforts suprêmes rappellent encore qu'une bataille n'est jamais perdue tant que la maison du roi n'a pas donné.

Greslan, qui interrompt souvent, n'est pas ravi qu'on lui rende la pareille. Un jour qu'il a pris la parole, et qu'un interrupteur de l'extrême gauche la lui a coupée plusieurs fois en des termes très-médiocrement parlementaires, l'orateur après la séance rencontre cet adversaire dans un couloir et lui dit poliment : — Faites-moi donc le plaisir, monsieur, de m'apprendre quel est votre nom. — Je m'appelle un bon bougre, répond l'autre sans porter la main à son chapeau. — Ma foi, monsieur, replique le créole en lui tirant une profonde révérence, j'aime bien mieux que ce soit vous que moi.

Un autre jour, le citoyen Pelletier, représentant connu comme peu lettré, récite un discours énergique, et la montagne d'applaudir à outrance, pour le dénouement de la pièce. On se croirait à la Porte-Saint-Martin, quand Frédérick Lemaître y joue *le Chiffonnier*. Le député des colonies, pour augmenter l'illusion, crie à tue-tête : L'auteur, l'auteur?... Un de ses voisins donne alors le secret de la comédie, en répondant du même ton : — Félix Pyat !

Un ancien pion, membre de l'Assemblée, dit à Greslan dans une autre circonstance :— Vous l'avez tous saluée cette République aujourd'hui détestée ! — Si je l'avais saluée, répond le comte, ce serait à recommencer ; mais je lui ai toujours gardé cette marque de déférence pour la fin.

Le nom de Greslan figure effectivement sur le tableau de la commission consultative, nommée par le prince-président après le coup-d'Etat.

Chégaray. — Antoine-Amédée Chégaray et Charles Chégaray ont été presque condisciples. Ce dernier, procureur du roi à Lyon, procureur-général à Rennes, avait une parole facile et pleine de lucidité, comme on a pu en juger à la Chambre de 1837 à 1848. Chégaray, en se retirant dans sa propriété près de Bayonne, sur la route de Saint-Jean-de-Luz , vit son arrondissement administré. après les journées de juin, par deux sous-préfets à la fois : le dernier venu était envoyé par un nouveau ministre, M. Dufaure, qui avait oublié de révoquer le fonctionnaire nommé par son prédécesseur, M. Sénart.

BELLANGÉ. — Né sous le Consulat, fils d'un fabricant de meubles, Joseph-Louis-Hippolyte Bellangé quitte les bancs du Lycée pour entrer dans l'atelier du baron Gros, où il se retrouve avec Charlet. L'élève y dessine des académies, tout en recevant d'autre part les conseils de Saint, peintre en miniature. Géricault et Horace Vernet deviennent aussi les parrains de ce talent, moins heurté, moins tranchant que celui de Charlet, mais d'une touche plus élégante jusque dans les scènes familières. Des lithographies de Bellangé paraissent dans la *Silhouette,* dans l'*Artiste* et dans la *Caricature,* avant que sa peinture, donnant le dernier mot de ses progrès, s'immatricule au musée de Versailles. Les bonshommes de sa création n'ont, en général, que six pouces, et derrière eux s'étale la campagne et se carre l'intérieur d'une ferme, ou s'alignent des soldats, des tentes, quand il s'agit d'une scène militaire. Le *Retour de l'île d'Elbe*, la *Veille de la bataille de la*

Moskowa, et une *Charge de cavalerie dans les blés*, ne sont-ce pas des chefs-d'œuvre ?

CHAMPESME. — Quel drôle de corps que le docteur Champesme, nous disait un de ses anciens condisciples en 1851 ! Figurez-vous, mon cher historiographe, qu'il y a environ trente ans, un passe-droit fit recevoir avant lui, bien que sa thèse fût la meilleure, un candidat plus homme du monde, plus élégant, plus insinuant, recommandé par la dauphine, et que l'étudiant distancé en devint aussitôt d'une misanthropie cynique. Il jura de ne plus s'habiller que comme un poëte dénué de patronage; il jeta par la fenêtre avec malédiction son miroir, son peigne et sa brosse; il leva les deux mains au ciel, en promettant de ne plus les laver, et cela fait il prit la fuite. Lisfranc, qui avait pour Champesme de l'estime et de l'affection, l'avait invité à diner, et bien qu'il réunît à sa table des sommités de la science, il y laissait ordinairement la place d'honneur à son obscur ami ; pour cette fois la place resta vide, et le grand praticien apprit le mois suivant que l'absent était retourné dans son village, au département de la Creuse. Ce village, près de Pontarion, n'était même qu'un hameau avant l'installation complète de Champesme, héritier de son père et de son oncle. Il y pratique avec une grande autorité la médecine et la chirurgie : on prétend même qu'il emploie contre la pierre un vinaigre dont il a retrouvé la recette, et qui servait à fendre les rochers des Alpes du temps d'Annibal. Des aubergistes se sont établis dans le voisinage du docteur, qui reçoit tous les samedis 300 malades étrangers au canton, et qui conserve dans de vastes glacières une ample provision de simples. Il met à un prix très-élevé ses herbes médicinales et ses services, quand les bourgeois y ont recours, et d'abord il ne répond pas à leur appel hors de chez lui, s'ils ne lui ont pas envoyé une voiture pour le déplacement. Beaucoup d'argent entre donc chez Champesme, outre qu'il a de la fortune. Seulement une bienfaisance inépuisable attire chez lui tous les pauvres, qu'il ne se contente pas de soigner sans frais, et lorsqu'il en voit un encore plus dépenaillé que lui-même, sacrifiant moins encore à l'idolâtrie du miroir et à la tyrannie des ablutions, il éprouve une satisfaction inespérée à le choyer. Le médecin de campagne, quand il reparaît à Paris, y rappelle Chodruc-Duclos. C'est pourtant là qu'il s'est marié un jour, à l'église Saint-Roch, M. Olivier étant curé. Mais il ne fait pas allusion à un fruit de cette union, qui n'a pas

eu de conséquences heureuses, lorsqu'il dit :
— Ma fille compte sur moi, et je lui fais une pension... La presse démocratique est la fille adoptive du docteur Champesme, qui la subventionne de son mieux.

BERTIN DE VAUX, — général, est fils unique d'un des directeurs du *Journal des Débats*, mort pair de France en 1842. Il a été officier d'ordonnance du comte de Paris.

THÉODORE GUDIN. — Les cours du lycée Bonaparte étant suivis par les deux fils d'une maîtresse couturière, qui les élève du fruit de son travail, la même vocation pousse ensuite les deux jeunes gens dans l'atelier de Girodet. Théodore s'embarque isolément à bord d'un bâtiment marchand ; sa brouille avec le capitaine le fait rester en Amérique un peu plus qu'il ne le voudrait. Au retour il travaille encore près de son frère Louis, que déjà un tableau d'histoire signale à l'attention publique : *Dubois à l'ambulance*. Par malheur un triste accident vient les séparer pour jamais. Ils font un jour une promenade en canot, avec un aspirant de marine, et ils naviguent entre le quai d'Orsay et les Tuileries, lorsqu'un violent coup de vent les assaillant, la frêle embarcation chavire. On recueille Théodore sur la rive, mais sans connaissance, tant il a fait d'efforts pour porter secours à son frère, que la Seine rejette seulement trois jours après au pont d'Asnières !

Le survivant travaille pour deux, et sa gloire n'en souffrira pas. Notre grand peintre de marine a cent tableaux au Musée de Versailles, qui ne représentent que douze ans de sa carrière admirablement laborieuse. Que s'il a beaucoup retenu, c'est la preuve qu'il a beaucoup vu. La plupart de ses toiles rappellent autant de voyages. Dans un canot, pendant le siége d'Anvers, l'artiste n'a-t-il pas dessiné sous le feu même des batteries ? La mer sera toujours le maître de cet élève infatigable, et les secrets qu'il lui dérobe pour reproduire ses aspects innombrables, semblent en élargir encore les horizons illimités.

Une fois, Gudin s'était cassé la jambe en tombant de cheval, et comment faire, à peine convalescent, pour assister au milieu de la foule à l'ouverture de l'exposition ? Une voiture de la cour et un fauteuil roulant ont été mis à sa disposition, par une attention délicate de Louis-Philippe, et il a pu visiter le salon, en même temps que la famille royale. Louis-Philippe, dont le règne demeurera marquant dans l'histoire des lettres et des arts, rendait justice à notre artiste, et lui avait donné un atelier au Louvre. Gudin a si bien fait les honneurs de cet atelier, par un beau jour, à lord Shey, pair d'Angleterre, et à sa fille, nièce de Wellington, filleule de la reine Amélie, que cette noble visiteuse est devenue Mme Gudin.

L'hôtel de Gudin, rue Balzac, est l'ancien pavillon du financier Beaujon, le fondateur de l'hôpital voisin : des peintures à fresque y ont été reprises par M. Charles Muller. De grandes fêtes se sont données dans cette jolie résidence, que l'empereur Napoléon III a honorée de sa visite à l'heure où le peintre travaille.

J. J. AMPÈRE.—Le savant géomètre et physicien, qui a été aussi l'homme de France le plus sujet aux distractions, en a commis une fort heureuse en donnant le jour à un poëte, journaliste, philologue, archéologue, professeur de littérature française au Collége de France. M. de Loménie, suppléant de ce professeur souvent absent, a donné en 1847 la biographie de M. Ampère père, inventeur d'une science, la *cœnolbologie,* qui se proposait pour objet la félicité générale, et qui nous eût épargné, mieux connue, d'aventureuses expériences du socialisme, science encore moins exacte. Nous avons à parler, pour nous, de Jean-Jacques Ampère, lequel a obtenu au concours général un prix de discours français en rhétorique et un prix de philosophie. Honorable

sortie de collége! Mais un ami du père insère
bientôt dans une lettre ces quelques mots :

« Le fils de M. Ampère le désole ; il écrit, dit-on,
des tragédies et une comédie en trois actes et en vers. »

Nous en devons conclure que le savant
résiste à la vocation impérieuse du littérateur, et toutefois ce fils unique, avec une tragédie de *Rosemonde* sous le bras, est présenté à Talma par son père. Cette tragédie et
une autre, intitulée *Rachel*, demeurent iné-
dites; seulement ne nous en prenons qu'au
Saint-Esprit, car le père, par distraction, n'a
fait qu'une seule et même personne avec le
fils, pour soustraire *Rosemonde* aux peines
éternelles de l'oubli.

Le jeune homme gagne l'Italie en 1823, altéré d'une soif d'inspirations nouvelles que
n'a pas étanchée son admiration pour les gé-
nies des siècles précédents. A son retour, il
écrit dans le *Globe*, et il est assidu aux représentations des *Petites-Danaïdes* de la Porte-
Saint-Martin, auxquelles son père ne cherche
à l'arracher qu'en y perdant lui-même un
préjugé de plus. Ampère fils part avec 600 fr.,
dont Paris n'aurait fait qu'une bouchée ,
et il passe en Allemagne, au moment où
Goëthe et Schlegel attirent l'attention de la
France littéraire sur des doctrines qui ne
sont pas d'accord avec les traditions françaises,

et d'où va naître le romantisme. Ampère, qui compte un des premiers avec les deux grands esprits germaniques, s'installe à Bonn pendant six mois, s'y naturalise étudiant en coiffant la casquette jaune ou verte des universités allemandes, et il tient la presse parisienne au courant de ses découvertes. Lorsqu'il se sent de force à se présenter devant Goëthe, il se rend à Weymar, et quel accueil flatteur l'y attendait! L'auteur de *Faust*, dès qu'il apprend son nom, lui donne connaissance d'un article que lui-même vient de traduire, et dont le titre est *Goëthe*, la signature, *Ampère*.

Que de voyages font suite à ces voyages! Le génie de l'écrivain y gagne une imposante universalité. Il se trompe une fois de bateau à vapeur, en voulant remonter le Rhin, et au lieu de se raviser au débarcadère le plus proche, pour reprendre son itinéraire et pour revoir la flèche de Strasbourg, il ne met tout à fait pied à terre qu'à Stockolm. De là un beau travail sur la Scandinavie. Mais toutes les latitudes ne paient-elles pas à Ampère un tribut de notions imprévues en échange d'aperçus qui les francisent? Le théâtre chinois n'est plus loin, depuis qu'il nous y fait entrer par la grande porte et par celle des coulisses. Presque tous les ouvrages de cet explorateur, avant

de paraître en volumes, ont été des articles
de la *Revue des Deux-Mondes*, nom de journal qu'il a du inventer. Qu'on trouve donc
un professeur qui en dise autant dans sa
chaire ! Le romantique des premiers jours n'a
pas eu à se démentir ; mais il a reconcilié la
résistance avec le mouvement, en franchis-
sant de bien autres distances !

Dans l'enseignement oral Ampère a débuté avec éclat à l'Athénée de Marseille, et
M. Cousin l'a nommé professeur de littérature
étrangère à l'Ecole normale. C'est en 1833
qu'il est entré au Collége de France, comme
successeur d'Andrieux, et son vieux père est
venu l'y entendre avec Chateaubriand. La vie
nomade de notre écrivain a donc eu ses
temps de repos, et il est devenu l'un des hô-
tes du salon de Mme Récamier, sous les auspices de l'auteur d'*Antigone*. L'académie des
Inscriptions et belles-lettres lui a ouvert ses
portes en 1842. Le fauteuil que lui a donné
cinq ans après l'Académie française doit être
un fauteuil à roulettes. Les jetons de présence
de l'académicien marquent des points le
moins possible, puisque la malle de l'auteur
de l'*Histoire Romaine à Rome* est toujours
faite, même pour la postérité.

ÉLÈVES DE LA SECONDE PÉRIODE : — Cte de Cholet ;
Eugène Sala, quelque temps propriétaire du bazar

Bonne Nouvelle; de Bellegarde, receveur général; A.
de Roissy; A. Leroy; Albert Jourdan, fabricant de
châles; Salleron; Charles Laffitte, député et banquier;
de Dalmas, directeur des affaires civiles et du sceau au
ministère de la Justice, et de Dalmas, député, sous-
chef du cabinet de l'empereur; J. Charpentier, marchand de bois et de charbons; Magnier, arbitre; les
deux Delalleau, dont le père était député sous la Restauration, l'un des deux peintre; le Cte de Chabrillan;
Amédée Palmery, longtemps maître-clerc de notaire,
après avoir remporté des succès dans toutes ses classes;
Falempin, directeur de la partie artistique de l'*Illustration;* G. A. Lemoine; L. Delestrée, maître de pension, puis préparateur aux deux examens de bacca-
lauréat; Dassailly, Couture, Boselli et Brault, magistrats; Chauveau-Lagarde, maintenant juge honoraire,
ancien membre du conseil des avocats de la Cour de
cassation, fils de Chauveau-Lagarde, le défenseur de
Marie-Antoinette, de la princesse Elisabeth et de Char-
lotte Corday; A. P. Méry; Monod, chirurgien; A. Bour-
don, négociant; Garnerin, fils de l'aéronaute; Alphonse Pépin, signataire d'une brochure attribuée à
Louis-Philippe, avec ce titre : *Dix ans de règne ;* Gion,
juge de paix; Bastrèche, receveur général; trois Du-
méril, dont l'un avocat général à Caen en 1848; deux
Marchais (Alphonse, chef à la Marine, et André, président de la société *Aide-toi, le ciel t'aidera,* puis préfet
en 1848); Duroc, fils du maréchal; feu Léon de Laborde,
lieutenant-colonel de la 2e légion de la garde nationale;
Bary; les deux Méchin, préfets; Charié-Marsaines,
inspecteur général des ponts et chaussées; Armand
Dumesnil, littérateur, attaché au ministère de l'Instruction publique; Ernest Simons, administrateur du
chemin de fer de Strasbourg; Mathieu frères, banquiers

Dr Subervie, fils du général; Caussin de Perceval et Jaubert, conseillers à la Cour de cassation; Vaïsse, président de chambre à la même cour; Frémy, frère du gouverneur du Crédit foncier; Bon-Louis Berthelin, magistrat; Desclozeaux, *id.;* Renaud, fils d'un commissaire de police, bibliothécaire du conseil d'Etat, auteur de l'*Histoire du Conseil d'Etat;* Casimir Broussais, mort médecin en chef de l'armée d'Afrique; Paul Huet, paysagiste; A. Régnier, artiste lithographe; le général Dumas, aide-de-camp de Louis-Philippe; Bodin; Fabre d'Olivet, romancier qui a été rédacteur de l'*Illustration* et sous-chef à l'Hôtel-de-Ville; Pinsard, avoué à Vouziers; C. G. Zacharie; F. Michelet; Giraudeau, négociant; Justin, élève souvent couronné, puis organisateur de la loterie du *Lingot d'or* et restaurateur au *Dîner de Paris;* Morisset, graveur sur bois, de qui bien des *rébus* ont paru dans l'*Illustration;* de Saint-Hilaire, blessé au service du roi Don Miguel; Barillon, avocat, mari d'une cousine de la reine de Portugal et parent de la famille Bonaparte. Avec ces noms ont été accolés, sur les listes des professeurs, les noms qui suivent :

ROGUET. — Le général comte Roguet, sénateur, un des aides-de-camp de l'empereur, est fils d'un lieutenant-général et père d'un député enlevé jeune aux plus brillantes espérances, ainsi qu'à l'affection d'une autre génération de camarades. Le plus illustre membre de cette famille a figuré parmi les bons élèves de M. Binet, bien qu'il soit entré de bonne heure au prytanée de Saint-Cyr, puis dans les pages de l'empereur aux Cent-Jours, puis à l'École polytechnique. Ses grades ont été gagnés en Afrique, et Louis-Napoléon, président de la République, n'a pas eu d'autre aide-de-camp. Mme Roguet, grande et belle personne, née Ladoucette, aidait alors son mari à faire les honneurs des réceptions de l'Elysée, dans lesquelles beaucoup d'imprévu jetait une animation que n'ont plus celles des Tuileries. Les officiers supérieurs, fraîchement arrivés d'Afrique, le général les présentait au prince, et dans un monde où tout s'improvisait, ils étaient quelquefois assez dépaysés pour aller aux informations. Un soir l'un d'eux prend Roguet par le bras, en lui posant la question que voici : — Pourrais-tu me dire quel est le grenadier superbe qui est en train de parler à ma femme, tout là bas en face de nous? — Très-volontiers, répond le général, et je t'apprendrai même qu'il prie ta femme à dîner pour demain. — Ah ça mais, général, et de quelle part? — De la mienne, mon ami, attendu que ton grenadier s'appelle ordinairement Mme Roguet.

Filon — (Charles-Auguste-Désiré), est né à Paris en 1800. Aucun élève n'a été plus souvent couronné, et aucun n'a fait parvenir de meilleurs vers latins jusqu'au roi Louis XVIII, qui a gratifié Filon d'un Horace et d'un Virgile, avec des reliures armoriées. Se destinant d'abord au barreau, il fit son droit; mais il entra en 1823 dans l'Université, comme agrégé reçu pour les classes supérieures; il se voua après cela à l'enseignement spécial de l'histoire, et la professa successivement à Louis-le-Grand, à Bourbon, à Charlemagne, à Henri IV, à l'Athénée, à Saint-Louis, à l'École normale. Que si nous ne pûmes être personnellement qu'une seule année l'élève de M. Filon, voilà ses livres pour nous en consoler : *Narrations françaises, Éléments de rhétorique, Histoire comparée de France et d'Angleterre, L'Europe au seizième siècle, Histoire du Sénat romain* et *Traité du pouvoir spirituel dans ses rapports avec l'État,* ouvrage couronné par l'Académie française. M. Filon prononça un discours à la fin d'une année scolaire; cette œuvre de moins longue haleine est aussi moins connue. On oublia peut-être d'y remarquer que plusieurs remontrances à l'adresse des Grecs conviendraient non moins aux Français.

« Ce qui domine toujours, disait M. Filon, c'est le génie inné des Grecs, le besoin d'agir par soi-même et à son gré, la crainte de courber sa volonté devant une volonté étrangère. De là ces variétés d'opinions, causes de guerres publiques et privées, cette mobilité d'impressions, trait distinctif des Grecs, dont ils ont été trop punis. »

DE CHARENCEY. — Charles-Léonce Gouhier de Charencey et son frère, également ancien élève, étaient fils d'un député de la Restauration : les classes leur ont valu des nominations, particulièrement en 1817. Son droit fait, Léonce est avocat ; juge-auditeur en 1828, juge-suppléant en 1830, et substitut du parquet de Paris de 1838 à 1848. Destitué par M. Crémieux, il n'en reste pas moins conseiller général du département de l'Orne, qui l'envoie à la Constituante avec 40,000 voix ; à la Législative avec 43,986. Enfin Charencey est au nombre des représentants qui protestent contre le coup d'Etat du 2 décembre.

LES TROIS PÈDRE-LACAZE. — Un d'eux a été député ; un autre, jeune magistrat sous la Restauration, député et puis pair de France sous Louis-Philippe, enfin représentant à la Législative, et partisan de l'ordre avec la liberté.

CHARMA, — professeur de philosophie, auteur d'ouvrages qui se rattachent à l'objet de son enseignement, faisait partie de l'Ecole normale lors du licenciement de 1822. M. Cousin, après 1830, le plaça au collége de Caen.

DUC, — architecte des lycées et colléges de Paris, est entré à l'école des Beaux-Arts en 1821, et il a remporté quatre ans après le

grand prix d'architecture : le plan d'un hôtel-
de-ville pour Paris était le sujet du concours.
Duc est l'auteur de la colonne de Juillet.

RAVIGNAN, — le célèbre prédicateur, qui
s'est éteint il y a peu d'années, n'avait fait au
Lycée que peu de classes. Substitut à Paris en
1823, il ne renonca au monde qu'en parfaite
connaissance de cause, et après avoir mesuré
comme magistrat les abîmes de la fortune
et de l'honneur. Par des avances d'hoirie il se
débarrassa d'un bien héréditaire, et il en
tenait compte comme d'un dépôt que l'on eût
fait entre ses mains ; il entra ensuite au séminaire Saint-Sulpice, puis dans la maison pro-
fesse de Montrouge. Le néophyte ne reçut
pas la tonsure des mains de M. de Frayssinous
sans que cet orateur sacré ne devinât en lui
un successeur. La première conférence publique du nouveau membre de la compagnie
de Jésus eut lieu à Notre-Dame le 12 février
1837.

AOHENZOLLERN-HECHINGEN. — La défunte
pension Butet a fait suivre les cours du lycée
Bonaparte à un jeune prince allemand, qu'elle hébergeait dans une chambre particulière,
près de celle de son précepteur. S. A. notre
ancien camarade, qui a succédé à son père
Frédéric-Hermann-Othon, prince régnant de
Aohenzollern-Hechingen, duc de Lagen, le

13 septembre de l'année 1838, porte dans l'almanach de Gotha les prénoms de Frédéric-Guillaume-Hermann-Constantin. Le prince que son éducation a francisé était né le 16 février 1801 ; sa femme, Eugénie-Hortense de Beauharnais, né en 1808 et fille du prince Eugène duc de Leuchtenberg, à cessé de vivre le 1ᵉʳ septembre 1848. Constantin, cousin du roi de Prusse, a reçu dans sa principauté de Aohenzollern-Hechingen, quelques-uns de ses anciens condisciples, et la garde de son palais leur a rendu les honneurs militaires, par surcroit de gracieuseté hospitalière. Mais ce n'était qu'une garde d'honneur, et le prince, bon chasseur, causeur aimable, joueur aux quilles remarquable, dînait quelquefois à l'hôtel vis-a-vis du palais, comme un simple baron allemand, sans aide-de-camp et sans incognito. En 1848, Constantin a quitté sa principauté, pour y rentrer en même temps que le roi à Berlin ; puis un arrangement de famille a remis entre les mains de ce dernier l'exercice du pouvoir, dans les Etats de son cousin.

Vitet. — Son père, médecin à Lyon, y enseigna l'anatomie et la chimie, et fut ensuite maire de cette ville, puis membre du conseil dont le général Bonaparte jeta l'autorité par les fenêtres à Saint-Cloud. Le fils, né en 1802,

était admis dans sa 19ᵉ année à l'Ecole normale; il fit pourtant son droit et il passa
ensuite maître des requêtes, secrétaire général du ministère du Commerce, membre
et vice-président du conseil d'Etat, inspecteur
des monuments historiques, etc. On pourrait
dire aussi que ce député de Fécamp avait écrit
dans le *Globe*, un journal libéral, école des
doctrinaires. Mais aurait-on raison de ne voir
dans Vitet qu'un fonctionnaire public et un
homme politique? Il s'est souvent rasé avant
le jour, pour passer une cravate blanche, et
quand il a cessé de sonner matines chez les
amis, chez les personnages influents qu'il ne
craignait pas d'éveiller, il a donné audience,
comme protecteur à son tour et comme ami,
à la même heure. La première fois qu'on lui
rendait visite, la dignité était son bouclier
contre une ouverture indiscrète ou inoppor-
tune ; mais prévenant à la seconde vue, quand
il avait à qui parler, il devenait bientôt un
Mécène. Le temps gagné sur la journée était
donné aux travaux remarquables qui ont fait
de leur auteur, déjà membre de l'Institut, le
successeur d'Alexandre Soumet à l'Académie française. Avec M. Cavé il a écrit les *Soi-
rées de Neuilly*, ouvrage plein d'esprit. On
distingue également parmi les livres de Vitet,
des drames qu'il n'a pas composés pour la

scène, mais qui ont donné le signal de l'é-
mancipation du théâtre moderne.

FORNIER DE SAINT-LARY, — représentant des
Hautes-Pyrénées, colonel d'état-major et chef
du cabinet du ministère de la Guerre en 1851,
avait été condisciple de Ragon.

FÉLIX et FRANÇOIS DE BOURQUENEY. — L'un des
deux, à la fin de sa rhétorique, a lu un discours latin de sa composition avant qu'on pro-
clamât les prix et accessits dans lesquels il
avait sa part. Félix de Bourqueney, dont le
fils a suivi les traces comme élève, remplissait encore il n'y a pas longtemps les fonctions de receveur-particulier à Paris. Le
baron François de Bourqueney, illustre diplomate, a été envoyé d'abord aux États-Unis,
en Suisse et puis à Londres, où il a partagé
volontairement en 1824 la disgrâce de M. de
Châteaubriand, pour devenir au *Journal des
Débats* un des collaborateurs de Bertin de
Vaux. Nommé ambassadeur à Constantinople
en 1843, il a de nouveau donné sa démission
après le 24 Février, et il n'est rentré en fonctions que pendant la guerre de Crimée,
comme ambassadeur à Vienne, où il a si bien
réussi à éviter un rapprochement entre l'Au-
triche et la Russie. Plénipotentiaire de France
au congrès de Paris en 1856, il signait deux
années plus tard un autre traité de paix à

Zurich. Le nom de Bourqueney appartient à l'histoire.

ADOLPHE GARNIER — s'est fait recevoir avocat en 1822; puis il a remonté le courant du droit à la philosophie, qui en est la source éternelle, plus limpide que l'embouchure, et à la suite d'un concours il a été nommé professeur de philosophie à Versailles, plus tard à Saint-Louis. Suppléant de M. Jouffroy, son premier maître, et de Royer-Collard à la Faculté, il y est depuis longtemps professeur titulaire, et ses leçons à l'Ecole ont formé d'autres professeurs. L'Académie française a couronné en 1851 son *Traité de morale sociale*, qui venait contribuer au raffermissement d'une société bien démoralisée, et il donnait l'année suivante son *Traité des facultés de l'âme. La Psychologie et la Phrénologie comparées* sont aussi un très-grand service rendu par Adolphe Garnier à la doctrine de l'Université. Il est membre de l'académie des Sciences morales et politiques.

MARET DE BASSANO. — Le ministre qui a signé un décret relatif à la fondation du lycée Bonaparte, y a placé ses fils, le duc et le marquis actuels. Né en 1803, le duc de Bassano, diplomate, sénateur et grand chambellan de l'empereur, ne pouvait manquer d'être membre du comité qui patronne le Lycée.

Ernest de Girardin, — marquis, sénateur, ancien représentant du peuple, a débuté sur la scène parlementaire comme député. Siégeant à l'extrême gauche sous le gouvernement de Louis-Philippe, il s'est trouvé, sans changer d'opinion, de l'autre côté dans les rangs de l'Assemblée. Nul n'a mieux indiqué par ses votes où finissent les plus libérales tendances de l'opposition raisonnable et où commence l'esprit de vertige révolutionnaire.

Adolphe Adam. — Louis Adam, pianiste, professeur au Conservatoire, n'est mort qu'en 1848 ; son fils, Alphonse-Hippolyte, qui était peintre, a cessé de vivre en 1855, et Adolphe Adam, son autre fils, a été enlevé subitement, au mois de mai de l'année suivante, après avoir perdu lui-même sa femme et son fils presque en même temps que son père. Cette hécatombe humaine dont une seule famille faisait les frais, mettait le crêpe sur le crêpe. L'illustre Adolphe Adam, ainsi que son frère, avait fait ses classes au Lycée, et peu de semaines encore avant de quitter ce monde, il contribuait à la fondation d'un déjeûner annuel d'anciens élèves, dont la tradition se maintient, sans faire concurrence au dîner de l'Association amicale, instituée postérieurement.

De 1809 à 1814 Adam fut des pensions Hix

et Butet, rivales l'une de l'autre au lycée Bonaparte. Quoique très-paresseux, il faisait déjà des élèves : lorsque les vers à soie cachés dans son pupître ne donnaient plus, il y alimentait des cochons d'Inde. Il passa chez le sieur Gersin, maître de pension à Belleville, où ses rencontres avec M. Deleuze le convertirent au magnétisme, et puis il rentra comme externe au collége Bourbon, où le suivit son frère dont il était l'aîné. Mais une fois au Conservatoire il travailla d'arrache-pied, étudia les grands maîtres de l'art, en devenant lui-même un homme de talent.

Musique vive et spirituelle, essentiellement française, que celle d'Adolphe Adam ! La *Reine d'un jour*, le *Châlet*, le *Postillon de Lonjumeau*, le *Toréador* et *Si j'étais roi*, chefs-d'œuvre de ce compositeur, ne l'ont pas empêché de faire la musique de bien d'autres opéras-comiques et de plusieurs ballets.

De plus, il a été musicographe dans ses moments perdus. Les catastrophes politiques font entonner la *Marseillaise*, mais déchanter à l'unisson les musiciens de profession, tant qu'on parle plus haut dans la rue qu'au théâtre. C'est pourquoi la révolution de Juillet à forcé Adam, la première, à recourir aux minces profits d'une collaboration improvisée. Il écrivait dans l'*Impartial* et dans la *Ga-*

zette musicale, vers le commencement d'un règne dont la fin fut pour lui encore plus désastreuse.

Le privilége de l'Opéra-National ne lui avait été procuré par une coterie influente qu'à la condition de verser 100,000 francs dans la caisse d'un nouveau journal ministériel, à une époque où la presse était libre de se vendre ou de rester pleinement indépendante. Pourtant l'entreprise dramatique n'est devenue une mauvaise affaire que grâce à l'avénement de la République, trois mois après l'ouverture du théâtre. Les pièces jouées les premières avaient été *Castilbelza,* de M. Maillart, et *les Monténégrins,* de M. Limnander, qui donnaient une idée favorable de l'avenir du troisième théâtre lyrique. On avait promis, autant qu'on peut promettre l'argent des contribuables sous un gouvernement représentatif, une subvention annuelle de 100,000 francs à l'Opéra-National, pour le moment ou deux compositeurs entièrement nouveaux, y auraient mérité les suffrages du public ; mais la révolution, mais la révolution ! Elle fit tomber la moyenne des recettes à 1,200 francs par jour au-dessous des frais, au lieu de 600 francs de bénéfices qu'avait réalisés chaque soirée, l'une dans l'autre, depuis le 27 novembre jusqu'au 24 février.

Si bien qu'en mars 1848 l'*impressario* dans la déconfiture devait 90,000 francs, outre qu'il en avait perdu 80,000 de mise de fonds. Les droits d'auteur du musicien, bien que devenus presque nuls, étaient frappés d'une retenue par saisie ; un bail l'enracinait dans un appartement de 1,000 écus, qui n'en valait plus que le tiers, et sa famille alors était nombreuse. Pour tout potage il avait 1,200 francs de traitement, comme membre de l'Institut. M. Véron, dans cette extrémité, offrit à Adam 50 francs d'une notice sur Donizetti, pour le *Constitutionnel;* d'autres feuilletons du même auteur parurent dans le même journal et dans l'*Assemblée nationale.*

L'Institut, en octobre 1848, rendit officiellement visite au général Cavaignac, et c'est alors que le chef du pouvoir exécutif fit nommer le musicien, quelque réactionnaire qu'il se montrât, professeur de composition au Conservatoire. Dans la messe en musique d'Adam, composée sous la république, il n'y avait pas eu de *Domine, salvam.*

DE SALLES. — Il est des noms maintenant si connus comme inséparables d'un grade élevé ou d'un titre, qu'on ne les reconnaît pas à première vue en les trouvant ainsi ramenés à la petite tenue de collége. Le général comte de Salles, sénateur, entrait en 1822 à

Saint-Cyr. Les campagnes d'Afrique et le siége de Sébastopol l'ont fait une des gloires militaires de nos jours.

VALETTE, — enfant-prodige comme virtuose, à l'âge de 9 ans, et élève du Conservatoire, fut pourtant envoyé au lycée de Versailles, et de là à Bourbon, puis à l'École de droit. Une brochure contre l'hérédité de la pairie, qu'il fit paraître en 1831, trahissait sur d'autres questions des principes plus avancés. Cependant il s'engageait magistralement, deux ans après, dans la carrière qu'il a suivie avec persévérance, en ajoutant à l'autorité de sa parole l'influence plus durable des leçons tracées dans les ouvrages de droit qui lui sont dus. Le professeur n'en demeurait pas moins un excellent musicien, et ses opinions politiques ont trouvé lieu de se manifester à l'Assemblée, ou il représentait le département du Jura de 1848 à 1851.

SIDNEY RENOUF. — « Mon cher monsieur Desportes, je vous prie de remercier en mon nom M. Sidney Renouf de l'empressement avec lequel il a accueilli ma réclamation. Les réflexions dont il l'a fait précéder sont pleines de noblesse et de vérité. Je suis heureux de penser que la presse compte parmi ses membres un homme aussi estimable et si digne du rôle de rédacteur en chef, rôle si important et si rarement compris.

« LOUIS NAPOLÉON B. »

Nous pourrions vous citer d'autres lettres

que nous avons là, de la même écriture
ferme et fine à la fois et de la même date à
peu près que la brochure faite par le prince,
en réponse à M. de Lamartine, brochure dont
la *Patrie*, rédigée par Sidney, avait rendu
compte la première. Le prisonnier de Ham
n'était donc pas toujours réduit à la corres-
pondance qu'il entretenait avec les écrivains
de l'école socialiste, qui devint ensuite un
parti. Il est d'un prisonnier d'écrire beaucoup, et d'un prisonnier politique de savoir
gré de toutes les sympathies de la presse ; il
appartient enfin à un prince, né sur les marches d'un trône qu'il veut relever, d'ajouter
aux remerciements quelques-uns de ces mots
plus personnels qui annoncent ou remplacent
une croix d'honneur. Le neveu de l'empereur écrivait dans la forteresse de Ham, en
parlant de la *Patrie* :

« Journal que j'ai toujours lu avec grand plaisir,
et dont l'habile et patriotique rédaction a su m'inspirer de profondes sympathies. »

Et cependant alors la *Patrie* avait *pour
mission expresse de représenter les principes et les tendances du parti politique dé-
signé et reconnu sous la dénomination
d'opposition constitutionnelle de gauche.*
Ainsi parlait l'acte de société signé par une
centaine de députés, et qui fut pour

Sidney un titre de noblesse. C'est la seule fois qu'un grand parti ait abdiqué exclusivement en faveur d'un seul homme, lui ait donné mandat écrit, lui ait confié une direction sans en réserver les tendances. Il est vrai que déjà Renouf avait participé en 1836, avec MM. Guillemot et Dutacq, à la fondation du *Siècle*, feuille qu'il avait quittée pour le *Messager*, acheté par M. Boulé et puis revendu aux ministres. La *Patrie* elle-même, lorsqu'elle passa au service du pouvoir, dut se priver du concours de Renouf, et, s'il vous plaît, Renouf fut regretté tout haut, comme confrère, par M. Félix Pyat, dans le *Charivari*, et par M. Marrast, au *National*, à plus forte raison par d'autres. Il a, pour ainsi dire, une spécialité, celle de la retraite opportune : attaché au *Journal de Rouen* en 48, il n'a pas plus voulu faire de l'opposition l'année suivante à l'élu de tous les anciens partis, si maltraité par les nouveaux, qu'il n'avait consenti à être ministériel avant le 24 Février. C'était un premier accessit que l'élection du 10 décembre avait donné au prince-président ; la couronne était réservée pour une autre distribution, que devait précéder une composition, mais dont le jour a été avancé par les menaces des fruits-secs de tous les concours précédents. Quant aux succès de Renouf au Lycée, ils datent de l'époque où son père était chef du secrétariat-général du conseil d'État. Son frère, qui a fait des vaudevilles, est mort jeune.

BECQUET, — l'auteur de ce fameux article « Pauvre roi ! pauvre France ! » par lequel fut inaugurée dans les *Débats* la révolution de Juillet, fit partie du Collége, ainsi que ses deux frères : leur père était adjoint au maire du II\ arrondissement. La nouvelle du *Mouchoir bleu* avait attiré l'attention sur ce vif esprit. Restituons à Étienne Becquet un des jolis mots que Scribe lui a empruntés : — Mon père, qui me reproche de devoir à Dieu et au diable, cite justement là les deux seules personnes de ma connaissance auxquelles je n'aie jamais rien emprunté.

SÉVESTE FRÈRES. — Leur père, en 1818, fondait dans la banlieue ces théâtres où de jeunes acteurs trouvent encore leur premier engagement, et dont le répertoire s'alimente, comme celui des théâtres de province, par la reproduction, bien que l'extension de Paris les ait englobés. Jules Séveste, né en 1803, a étudié en droit, après avoir occupé dans ses classes le premier rang, et il a succédé depuis, comme directeur, à son père. Il a épousé une actrice, dansant dans la *Sylphide*, jouant aussi dans la *Chercheuse d'es-*

prit, et qui, à force de chercher ce qu'elle
avait cependant sous la main, a déployé
des ailes qu'enflait le souffle d'une séparation judiciaire. L'aîné, Edmond Séveste, en
sortant du Lycée, est entré dans l'intendance
militaire, il a fait la campagne de France et
a vu de près Waterloo. Jusqu'en 1820, époque où il est devenu l'associé de son frère et
de son père, il a voyagé pour le commerce ;
mais, comme membre du conseil, il a rendu
de bons offices à la municipalité de Montmartre, et il a mérité aussi la croix d'honneur, par les preuves de dévouement qu'il a
données pendant le choléra dans l'arrondissement de Saint-Denis. Sur ce, en 1840, les
grenouilles du Théâtre-Français demandent
un roi : Edmond se présente quatrième. Mais
le ministre, M. de Rémusat, à force de s'engager par des promesses envers chacun des
quatre candidats, ne peut plus se tirer d'affaire qu'en les écartant à la fois, et en rendant force de loi au décret de Moscou, dû à
l'initiative de son père. Séveste a tout le temps
d'étudier un projet de chemin de fer du
centre, et de songer ensuite à relier Montmartre et Saint-Ouen par un tunnel. Une
grotte de Pausilippe allait être creusée ar-
tificiellement aux portes de Paris ; mais
la révolution de Février en fait abandonner

le plan tout étudié. M. Lockroi est nommé directeur du Théâtre de la République, par le crédit de M. Etienne Arago, auteur des *Aristocraties*, de Mlle Sarah Félix, dit-on, et d'un des tyrans provisoires qui font si bien regretter la monarchie constitutionnelle. Survient M. Sénart qui, en sa qualité de républicain de la veille, sait de reste combien il importe d'empêcher une société de se gouverner à sa guise ; il nomme près dudit théâtre Edmond Séveste commissaire du gouvernement, en l'investissant d'un pouvoir exceptionnel. Séveste est installé ; 48 heures s'écoulent, pendant lesquelles M. Dufaure succède à M. Sénart : Séveste est disgracié. Les sociétaires lui offrent cependant, et il accepte, la direction des affaires pour leur compte, avec ce titre : régisseur-général. De son temps, rue de Richelieu, sont joués ou mis à l'étude le *Testament de César*, le *Caprice*, *Adrienne Lecouvreur* et *Gabrielle*. Mais une grande tragédienne, qui a chanté la *Marseillaise* dans un théâtre comblé la veille encore des faveurs de la famille précipitée du trône, a des passions que rien n'entrave. Mlle Rachel, pour laquelle plaide Mᵉ Delangle contre les sociétaires, dont Mᵉ Marie est l'avocat ; Mlle Rachel a une envie qui presse, une envie de femme en procès. Elle veut faire un directeur, ni plus ni moins que sa sœur Sarah. Pour changer, il le lui faut blond, et un peu poëte, pas beaucoup : un brin d'herbe de plus dans les *Sentiers perdus,* et l'auteur n'y retrouverait plus celui qui mène en plein Théâtre-Français! Il aura sous ses ordres, si tant est qu'un blond donne des ordres à un compère qu'il ne peut regarder sans rire, l'éblouissant auteur de *Fortunio.* Le style oriental de ce mamamouchi du xix⁰ siècle amuse l'œil, exhibe des images, jongle adroitement avec des mots, à la porte de la pensée; mais le soleil, dont le mamamouchi prend le clinquant pour un rayon, y fane vite la soie et les glans d'or de sa robe et de son turban. Un directeur fourbu de l'Odéon complétera la trinité de la combinaison Rachel, et tous les feuilletons du lundi, ou peu s'en faut, seront écrits par ces trois personnages et leurs amis. Aussi bien les actrices de la rue de Richelieu jouent presque toutes un grand rôle à la ville, tant que dure la République, tant que tous les salons non-officiels demeurent porte close. L'une de ces comédiennes, autorisées par l'expérience de l'ancien répertoire et par l'influence grâcieuse de leurs avantages personnels, proclame dès les premiers jours de l'ère nouvelle, que les anciens partis, usés jusqu'à la corde, en-

traînent dans leur déchéance les danseuses
de l'Opéra et les chanteuses de couplets ; mais
que Melpomène et Thalie ont voix consultative, par droit de conquête, à la Constituante
et à l'Académie française. Une autre de ces
dames ne se flattera-t-elle pas, un peu plus
tard, d'avoir mis en une seule année quatre
ministres de l'Intérieur dans l'obligation de
lui être agréables ? Rien d'étonnant que vers
le même temps, trois hommes de bonne volonté aient été introduits dans le sanctuaire
de l'art dramatique par la grande-prêtresse
de ce culte ! Une autre combinaison a avorté,
dédaigneusement traitée d'intrigue de coulisses par les protégés de la tragédienne. Donc,
un beau soir, l'huissier Guillaume annonce
l'entrée en fonctions de M. Arsène Houssaye,
qu'il a fait asseoir au foyer, et il s'écrie à
différentes reprises, en courant dans les cor-
ridors : — Toutes ces dames au salon !...
Ainsi la Comédie-Française perd Edmond
Séveste, auquel on accorde, en mai 1851, le
privilége de l'Opéra-National, depuis Théâtre-Lyrique. A la tête de ce théâtre, Séveste
meurt ; son frère ne lui survit qu'un ou deux
ans.

DE CORCELLES, — fils d'un député de Lyon
qui figurait sous la Restauration dans les rangs
de l'opposition, fut député lui-même sous

Louis-Philippe, puis membre des Assemblées
constituante et légative, chargé d'une mission près du pape en 1848.

Limayrac, — dont le père fut préfet de la
Haute-Garonne, fit son droit et devint substitut. Le comte de Limayrac appartenait,
comme réprésentant du peuple, au parti catholique , ainsi que

Postel, — réprésentant de l'Ille-et-Vilaine,
ancien avocat à Vitré.

Godelle,—notaire à Guise, puis membre du
conseil général de l'Aisne, représentant du
peuple, est maintenant conseiller d'État.

Vogué, — né a Paris, le 4 mai 1805, sous-
lieutenant de cavalerie à 18 ans, agriculteur
ensuite, et industriel, bien que marquis,
fit partie de la Constituante et de l'Assemblée
législative de 1848 à 1851.

Requin. — Un prix de vers latins au grand
concours annonçait-il un savant professeur à
la Faculté de médecine? Apollon, dieu de la
poésie, l'avaitété aussi de la médecine. De plus,
lorsque la poésie dévoile la nature et les symp-
tômes du mal moral, ne se rapproche-t-elle pas
de la pathologie? Le général Requin avait
laissé si peu de fortune à son fils que celui-ci fut
obligé, pour défrayer ses études médicales,
de donner des répétitions dans une pension
du Collége. Il sortit d'un concours en 1829

professeur agrégé , et puis il fit un cours de physiologie et d'hygiène à l'Athénée, avant de reprendre, comme suppléant, celui d'hygiène et de thérapeutique à la Faculté, et de passer en 1851 professeur de pathologie interne. Auteur de bon nombre d'articles dans l'*Encyclopédie nouvelle*, il avait publié ses *Leçons cliniques de M. Chomel sur le rhumatisme* et ses *Eléments de pathologie*. D'autre part, Requin avait rempli une mission pendant le choléra dans le département de Vaucluse, et un vote spécial du conseil-général témoignait des services qu'il y avait rendus. Médecin en titre de l'Hôtel-Dieu , de la maison Dubois et puis de la Pitié, il était doué d'une constitution qui promettait encore de longs services : à la force physique était due sa nomination de porte-drapeau dans la IIe légion. Néanmoins une de ses thèses démontrait pourquoi les médecins n'occupent pas le premier rang sous le rapport de la longévité, dans les tables de la statistique , et jusqu'à quel point l'exercice de leur profession est compatible avec les exigences de la gérocomique. Malheureusement un exemple de plus à l'appui de ses arguments a été donné par Requin, qui n'a vécu qu'un demi-siècle et un petit nombre d'années avec.

LHERMINIER et ROSSEEUW-SAINT-HILAIRE. —

En 1819, au banquet de la Saint-Charlemagne, M. Planche chante son couplet, des
élèves récitent des vers de circonstance, on
vide un verre de champagne à la santé du
roi, et tout se passe en bon ordre au collége
Bourbon. Mais il n'en est pas de même à
Louis-le-Grand, où trente élèves refusent de
porter le toast royal, et l'exclusion de ces
élèves en fait passer quelques-uns dans nos
classes, notamment Eugène Lherminier et
Eugène-François-Achille Rosseeuw-Saint-Hilaire.

Le premier, comme publiciste, a débuté
dans les colonnes du *Globe*, et il ne s'est pas
même séparé de cette feuille libérale quand
les saint-simoniens l'ont achetée ; mais il a
reculé devant la prise d'habit dans l'espèce
de monastère fondé pour les deux sexes par
le père Enfantin. Il a écrit dans le *Bon-Sens*,
journal démocratique, et il est monté au
Collége de France dans la chaire de législation
comparée, le front ceint d'une couronne de
popularité qui n'avait pas encore d'épines.
Le cours de Lherminier a été publié. Toute
la presse a retenti des protestations tumul-
tueuses qu'a soulevées en 1839 un revirement
dans ses opinions, attribué à la vénalité, et
qui ont rendu impossible la reprise de ses
leçons, même après la révolution de Février.

Lherminier n'en a pas moins laissé derrière lui, car il n'existe plus, des livres et des articles dans la *Revue des Deux-Mondes*, et le jurisconsulte y devient souvent un philosophe, analysant les facultés humaines avec une clarté assez rare dans l'école de Condillac.

Né en 1802, un an avant son camarade, Rosseeuw a également contribué à la rédaction du *Globe*, et il a publié une belle *Histoire d'Espagne*. Nommé à la chaire de rhétorique d'Ajaccio en 1825, professeur au collége Bourbon deux ans après, puis suppléant à la Faculté des lettres, pour y devenir titulaire de la chaire d'histoire ancienne, il a aussi donné des leçons d'histoire à Henri IV et de littérature à l'Ecole polytechnique.

Charles Lucas, — membre de l'Institut, auteur d'ouvrages sur le système pénitentiaire, qu'il a contribué à rendre cellulaire, et sur la peine de mort, pour l'abolition de laquelle il s'est prononcé, naquit le 9 mai 1802. Il composa, étant encore élève, des vers sur la naissance du duc de Bordeaux, et le proviseur les fit mettre sous les yeux du roi, ainsi que d'autres pièces sur le même sujet, parmi lesquelles il y en avait une signée par

Amédée Pommier. — Ce nom ne nous rappelle-t-il pas une publication périodique, comme on a tort de n'en plus faire, l'*Essor ?* Cent vingt jeunes gens de 20 à 35 ans, donnaient ou promettaient 6 francs par mois pour fournir aux dépenses matérielles de cette feuille littéraire ; et là ont fait leurs premières armes Molé-Gentilhomme, Gonzalès, Lurine, Paulin Limayrac, Eugène Labiche et beaucoup d'autres. Le plus jeune de la bande n'était pas Amédée Pommier, déjà connu comme auteur de l'*Expédition de Russie*, ode couronnée à Toulouse, et d'un *Hymne à la mémoire du général Foy* et de beaucoup d'autres vers réimprimés depuis. Le même poëte, plusieurs fois lauréat de l'Académie française, a remporté le prix d'éloquence, en 1849, avec son *Éloge d'Amyot*. La nature de son talent lui interdit les succès populaires, et il en tombe d'accord dans les *Colifichets*, nouveau recueil de vers, où il sourit à tout ce que la vie lui a présenté d'agréable, et où il improvise jusqu'à de nouveaux rythmes, audacieusement lancés dans la circulation. Quand il se pique d'originalité, ce gaillard de Pommier n'y va pas de main morte, et il passe à l'envers l'habit noir dont il ne s'est endimanché que par égard pour l'Académie et pour la croix d'honneur. On souffre tout d'un homme d'esprit, voire même un titre aussi fantasque que ce titre d'un livre de Pommier : *Recueil d'anecdotes violentes, par un partisan de la littérature galvanique.*

CARLE LEDHUY,—natif de Coucy-le-Château, épousait à 18 ans, en sortant du Collége, une cousine de Châteaubriand ; il s'est vu cinq fois père, ou à la veille de l'être, avant l'âge de raison légal. Ses journaux ont été : *la Quotidienne* d'abord, l'*Union catholique* et *la Mode*. De ses romans nombreux , l'un s'appelle *Comment meurent les femmes*. Ledhuy, littérateur, est resté attaché au ministère de l'Instruction publique, après avoir été sténographe de la Chambre des pairs. *La Mode* est la seule feuille qui ait rendu compte de la dernière séance de cette Chambre, grâce à Ledhuy.

EUGÈNE SUE. — Et d'abord ses prénoms au Lycée étaient Marie-Joseph. Les a-t-il répudiés en débutant dans la littérature pour s'affranchir d'un rapport baptismal avec le poëte républicain Marie-Joseph Chenier? Ou bien a-t-il repris avec la robe virile un prénom que sa famille avait jugé prudent de passer sous silence pendant la Restauration, parce qu'il rappelait que l'enfant avait été tenu sur les fonds en 1801 par la femme du premier consul et par Eugène, son fils du premier lit? Plusieurs membres de la famille d'Eugène Sue ont été des médecins en grande réputation ; son père, chirurgien en chef de la garde impériale, l'a d'abord envoyé dans une des pensions du Lycée, et il s'y est montré avec délices l'élève le moins laborieux. Devenu ensuite externe libre, il ne franchissait plus le seuil des classes qu'en bottes molles, une petite cravache à la main, quand il faisait acte de présence. Cet élève amateur a obtenu toutefois deux nominations au Collége, devinez en quoi : en dessin, et M. de Besselièvre père enseignait cet art d'agrément.

Eugène Sue entrait ensuite sous les ordres de son père, comme élève chirurgien, dans la maison militaire du roi, et il y avait pour collègue le docteur Véron, postérieurement directeur de l'Opéra et du *Constitutionnel*. Les distractions de la vie parisienne étant menées à grandes guides par le fashionnable étudiant, sa famille fut loin de se montrer hostile à ce qu'il s'embarquât pour passer à Cadix, attaché comme sous-aide au service de santé pendant la campagne d'Espagne, et il ne reparut à Paris que passagèrement les années suivantes. Après avoir fait partie du personnel des officiers de santé de la marine à Toulon, il partit à bord d'une frégate qui deux fois le mena aux Antilles, et il passa quelques mois à la Martinique. Revenu à

Brest, il monta sur le Breslaw, commandé par le capitaine La Bretonnière, et ce vaisseau rallia la flotte de l'amiral Rigny dans la Méditerranée. Peu de temps après, le Breslaw prenait part à la bataille de Navarin : Eugène fit son devoir, comme chirurgien, sous le feu des Ottomans.

Lorsqu'il reprit la route de Paris après avoir suffisamment navigué, son père avait cessé de vivre en lui laissant environ 700,000 fr. Renonçant à la médecine, il se souvint d'abord des deux accessits de Bourbon, puisqu'il entra dans l'atelier de Picot. Comme son peu d'exactitude y donnait le mauvais exemple, il fréquenta bientôt, de préférence, l'atelier de son ami Gudin. Chez celui-ci, dont le talent l'emportait encore sur la réputation, la commande qui donnait le plus était celle des bonnes fortunes. Un jour qu'une femme inconnue n'avait pas craint d'écrire au maître pour lui indiquer un rendez-vous, l'élève ramassa la lettre qui traînait dans l'atelier, et il se rendit à l'appel de cette ardente amie des arts. Le faux Gudin se montra trop sensible au bon accueil de cette dame, pour qu'elle se fît scrupule de lui rendre visite elle-même le lendemain. Quel ne fut pas l'étonnement de celle-ci en présence d'un autre Gudin, qui lui parlait avec une froideur polie! Le plus

galant des deux, dès qu'il y avait doute, lui
paraissait le véritable. L'autre, qu'elle accu-
cusait d'imposture, lui proposa d'en appeler
au témoignage d'un domestique, et il sonna.
Parut un grand jockey, étranglé dans sa veste
bleue, que constellaient des boutons de mé-
tal. Mais la dame détourna la tête avec indignation, en reconnaissant l'imposteur dans le
jockey qui lui demandait pardon. — Ah ça !
John, s'écriait le maître, tu a donc fait encore
des tiennes! Quand cesseras-tu, maraud,
de décacheter mes lettres et de m'emprunter
mes habits? Madame, il est impardonnable !..
Mais la dame, en sachant assez, s'était déjà re-
tirée toute confuse. Chaque fois que, depuis,
elle a rencontré Eugène Sue, elle lui a lancé
un regard dédaigneux, en laissant échapper
ces mots : — Quel incorrigible domestique !

On se moqua beaucoup, chez ses amis, de
l'ancien sous-aide chirurgien, le jour où il
parla d'écrire un livre ; mais ce livre fut *Plick
et Plock*, deux nouvelles pleine de verve, d'o-
riginalité, et bientôt la *Vigie de Koatven, la Sa-
lamandre*, etc. firent d'Eugène Sue un romancier maritime à la mode. On joua de lui, au théâtre de Madame, un *M. le marquis*, satire pi-
quante des exagérations libérales de ce temps,
et puis, aux Nouveautés, le *Fils de l'Homme:* de
Forges était son collaborateur. Cependant les

auteurs d'alors vivaient avec un luxe qui, tout autant que le talent, les mettait en réputation : un libraire s'en allait craintif, sans dénouer les cordons de sa bourse, s'il n'avait pas été émerveillé par un train de maison somptueux. Eugène Sue, né pour la fortune, la portait avec plus d'aisance que tous les autres, bien qu'il n'eût pas le goût des réceptions nombreuses. Le tête à tête et l'écurie lui coutaient plus cher que tout le reste. Tout compte fait, le fils de famille à la place de son patrimoine trouvait un déficit de 50,000 écus, et le romancier les paya, grâce au talent qui justifiait la vogue de ses œuvres d'imagination.

Pour rétablir par le travail une balance à ce point dérangée, il avait été s'enfermer en Sologne, chez son beau-frère, M. Marck Caillard. De là sortirent *Mathilde*, les *Mystères de Paris*, *Paula Monti*, l'*Histoire de la Marine sous Louis XIV*, etc. Est-ce que, grâce à ces ouvrages, la seconde manière de l'auteur n'aura pas été la meilleure? Une simple nouvelle dans laquelle il raconte l'histoire d'un cheval, quel chef-d'œuvre comme peinture de genre !

Mais la troisième et dernière manière qui continua les *Mystères de Paris* avec recrudescence de réalisme et de tendances socialistes, fut une reculade en fait d'art; elle popularisa l'auteur du *Juif errant* et des *Sept péchés capitaux*, dont la vie ne trahissait rien d'une conversion, mais dont la plume devenait dogmatique. Plus dramatiste que Balzac, son émule était moins artiste, moins philosophe, moins de son temps; il excellait à tenir en haleine la curiosité la plus vive, à la faire palpiter d'impatience, à lui laisser la crainte et l'espérance, quand il suspendait un danger, comme l'épée de Damoclès, sur le feuilleton du lendemain ! Mais il n'ajoutait que trop souvent aux récits qui nous captivaient ces conclusions sentencieuses qui avaient mis les tragédies de Voltaire au-dessous de celles de Racine et de Corneille. Qui donc a remis l'enseignement à la remorque de l'imagination, en inventant le roman-réquisitoire, en montrant dans la société une immense Cour des miracles ? Celui-là, certes, n'est plus peintre, ni poëte : il passionne encore son public, s'il est habile romancier, et la première révolution qui passe semble répondre à son appel. Soit cherchées, soit trouvées, les sentences répugnent aux confabulations romanesques ou dramatiques, dont le plus précieux droit est de ne pas conclure. Intéressez, touchez, amusez, terrifiez, ou par scènes ou par chapitres; mais que la leçon soit ailleurs ! Les personnages raisonnables devraient eux-mêmes rester au second plan, et il n'en faudrait pas de raisonneur, quelle que soit à cet égard l'hérésie condamnable de quelques auteurs dramatiques, dont l'école porte comme un châtiment le nom d'école du bon sens! Eugène Sue a détaché des pièces de quelques-uns de ses romans, et fort bien lui a pris d'y dégager l'action des déclamations irritantes; mais Eugène Sue, au théâtre, avait toujours un collaborateur. Seul, au contraire, il a porté au comble le défaut inhérent à ses plus grands ouvrages, en écrivant le *Berger de Kravan*, ou il donnait au peuple son catéchisme démocratique.

L'auteur du *Berger de Kravan*, élu membre de l'Assemblée nationale en 1850, quitta la France après le coup d'Etat. La rupture d'un anévrisme mit fin à ses jours, en Savoie, le 3 juillet 1857.

D'ORSAY, — qui a créé des modes à Paris et à Londres, lion international, cachait sous des dehors frivoles, qui toutefois mettaient d'accord le bon goût avec l'excentricité et le bon ton avec le genre, un fonds sérieux de caractère et de valeur toute personnelle. Il a fait à la dette infiniment d'honneur, en se mesurant avec elle une grande partie de sa vie, et l'aristocratie anglaise n'y regardait pas de si près en fêtant avec lui ses heures d'indépendance après le coucher du soleil. Il a fondé à Londres une société française de secours mutuels, et un Parisien, homme d'esprit, n'avait rien vu dans cette ville, s'il n'avait pas eu le plaisir d'y rencontrer le comte d'Orsay. Ses chapeaux et ses voitures, ses rédingottes, sa façon de tenir les guides en conduisant un attelage, faisaient école ; mais il était aussi le protecteur des exilés, des deshérités, des artistes, et son apostille avait cours, plus longtemps que ses billets à ordre. Les poursuites de ses créanciers ne le consignaient pas parfois dans son hôtel, pendant le jour, sans qu'il en profitât pour travailler. Il revint donc bon sculpteur à Paris, après les événements de 1848, et il y retrouva un illustre exilé qui, l'ayant honoré aux mauvais jours d'une affection particulière, s'en souvenait au palais de l'Elysée. Plusieurs ouvrages du comte d'Orsay faisant partie de l'exposition, et notamment un buste de Lamartine, son ami d'ancienne date, ont acquis au nom du lion une célébrité artistique. Sa mort n'en a paru que plus prématurée, sans que personne se doutât de son âge.

Sainte-Beuve. — D'où vient l'impopularité dans laquelle est tombé Sainte-Beuve? Le moyen de le tirer de là ! Il fait le vide autour de lui, en repoussant toute solidarité, après avoir été l'enfant gâté des sympathies qu'il décourage l'une après l'autre. Il a voulu avoir un pied partout, et toutes les portes lui ont été ouvertes, parce qu'il avait du talent; mais depuis que des avantages honorifiques et autres lui sont acquis, il se croit encore à l'époque où il en avait les mains nettes, et le successeur de la Harpe rêve l'indépendance de Gilbert. Ses confrères de l'Académie lui reprochent une jalousie qui les empêche de dormir ; ses auditeurs au Collége de France, quand par hasard il a fait son cours, ont été plus exigeants que ses lecteurs ; ses élèves à l'Ecole normale montrent une froideur extrême, mais que rachètent des éloges au dehors, car tout ce qu'on dit de Sainte-Beuve dans les grands journaux part de là. Les petits journaux, au contraire, daubent le maître et l'académicien, dont l'esprit tracassier a trop abusé de la férule pour qu'on ne la retourne pas un peu de son côté, mais dont la critique est subie parce qu'elle fait autorité.

La bibliothèque Mazarine, à laquelle MM. de Rémusat et Cousin avaient attaché Sainte-Beuve en 1840, a certainement perdu un administrateur très-compétent lorsque M. de Vaulabelle a accepté sa démission spontanée ; mais le public y a beaucoup gagné, puisque jamais un bibliothécaire n'avait payé de sa

personne avec plus de mauvaise grâce, quand
le premier venu avait usé du droit de lui demander un livre en communication. On ne
peut que louer un tel conservateur d'avoir ré-
noncé à sa place.

Le lendemain de l'accomplissement du
sacrifice, il apprend par M. Casimir Bonjour
que M. Rogier, ambassadeur belge, demande
un professeur de littérature française, pour
l'université de Liége ; il se rend à Bruxelles,
et il y dîne avec M. Rollin, ex-élève de Bourbon, ex-avocat à Gand, ministre du roi Léo-
pold. Puis il prend possession de la chaire
vacante, et il annexe à son cours principal
un autre cours, qui a lieu le lundi, sur la littérature contemporaine. Le *Constitutionnel*
publie ensuite ces *Causeries du Lundi*, qui
d'encore en encore deviennent un grand ouvrage, et le calme de la lecture leur convient
infiniment mieux que l'audition belge, qui
ne les a pas accueillies sans opposition à l'o-
rigine. D'autres leçons données par Sainte-
Beuve à Lausanne en 1838, n'ont-elles pas
eu pour objet l'histoire de Port-Royal, et n'en
est-il pas sorti également un beau livre ?

Cours immense de littérature que nous fait
suivre le célèbre critique ! Le maître s'y livre à une étude curieuse et pleine de sur-
prises, pour n'élever de statues à personne ;

parfois même il écorne le piédestal de
celles qu'il ne saurait atteindre parce qu'elles
sont au-delà de sa portée. Il braque sur
l'histoire littéraire une lorgnette retour-
née, comme pour se grossir lui-même, en
rappetissant les illusions flatteuses que les
ouvrages d'un auteur favori avaient fait naître sur son compte. Les écrivains de second
ordre, il ne les ressuscite qu'afin de dévoiler
leurs infirmités personnelles, ou de trahir
leurs secrets de famille, et il ne loue jamais un
vers, jamais cinq lignes de la prose du pa-
tient, sans ajouter bien vite : Ah ! quel dommage qu'il ait si mal vécu, tendant la
main par-ci par-là, que sa sœur ait fait pis
encore, et que son frère ait presque ramé
dans les galères du roi ! On peut donc dire
du studieux écrivain : Il n'a pas la foi qui
transporte, mais il a celle qui rappetisse les
montagnes. Des recherches nombreuses et
un style magistral sous une apparence fami-
lière, justifient le succès de ses travaux rétros-
pectifs, mais en ne lui conciliant la reconnaissance d'aucune école. Que si les protestants prennent le janséniste Sainte - Beuve
pour un jésuite, et les jésuites pour un protestant, un autre scrutin de ballottage le
fait considérer dans la littérature comme un
faux-frère par les romantiques, bien que

suspect encore plus aux classiques. D'autres
enfin l'estiment réaliste, en appuyant leur
opinion sur un de ses livres, *Volupté*.

Comme il avait peu d'ennemis, le poëte,
alors qu'il écrivait ses *Pensées d'Août*, et surtout à l'époque où il ne faisait qu'un avec
Joseph Delorme ! Il combattait en ce temps-là
dans les rangs de la jeune école, qui l'avait
armé chevalier. Puis le romantique s'est
rallié au parti universitaire par de larges
concessions, qui commandaient la réciprocité.
Après tout, les conquêtes ne se font pas seulement avec le glaive ou le canon : aux conven-
tions de la diplomatie il appartient de les con-
solider en consentant des restrictions. Les
classiques de 1830 accusent leur ancien adversaire de se rejimber trop souvent ; mais le
critique éminent ne s'est pas fait l'exécuteur
des hautes-œuvres d'une école. Jamais le
malcontent ne s'est bien amadoué, et le
champion avait gardé ses armes. Les partis
qui le désavouent en temps et lieu sont trop
heureux qu'il ne les renie pas tout-à-fait et
qu'il entretienne à lui seul le feu sacré de la
comparaison. Quand l'apaisement des que-
relles politiques permettra de rouvrir la lice
littéraire, les deux écoles retrouveront sur la
brèche leur transfuge, qui mourra en les com-
battant à la fois, et c'est alors qu'il lui sera

beaucoup pardonné parce qu'il n'aura pas beaucoup aimé.

Fils posthume d'un directeur de l'octroi de Boulogne-sur-Mer, le jeune Sainte-Beuve était déjà en rhétorique dans cette ville; il est descendu en troisième à Charlemagne, comme élève de la pension Landry, et le proviseur dudit collége, M. Dumas, a fait plus tard des vers contre le poëte romantique. Le maître de pension a changé de quartier. MM. Largé, Pierrot, Pouillet et Binet y ont gagné, au collége Bourbon, un élève distingué de plus. Sainte-Beuve a obtenu au concours général le premier prix d'histoire en 1819, année ou a été fondée cette faculté; il a été couronné également pour sa composition en vers latins sur ce sujet : *Visite de Pierre-le-Grand au tombeau de Richelieu à la Sorbonne.* Le collége de la rue Saint-Antoine, où un professeur avait dicté une version sur la mort du général Foy, était ainsi que Louis-le-Grand beaucoup plus libéral, sous la Restauration, que l'établissement de la Chaussée d'Antin. Dans ce dernier M. Pierrot lui-même tournait le frein bien plus que l'aiguillon du côté des élèves, tout engagé qu'il fût notoirement dans les voies de l'opposition. Sainte-Beuve, quant à lui, lisait déjà les feuilles libérales et les feuilles littéraires du temps. Traité avec beaucoup d'égards par **M.** Landry, il avait une chambre à part, dînait à la table du maître, et rien ne l'empêchait de se rendre à la Bibliothèque, à l'Athénée. Il portait en été un grand habit vert, couleur chère aux blonds et aux poëtes, avec un pantalon de nankin assez court : toilette que son petit oncle avait sans doute inaugurée dans le monde, tant les entournures étaient larges, la queue de morue longue, le fond de culotte boursouflé ! L'adolescent se destinait d'abord à l'Ecole polytechnique; c'est pourquoi il a pris de **M.** Binet jusqu'à des leçons particulières, qui n'ont pas été inutiles à l'écrivain dont le style mesuré compte si bien avec tous les mots ! Il a voulu aussi se faire médecin, et trop souvent le carabin reparaît sous le critique armé de son scalpel! Il reprend en sous-œuvre les cadavres de l'hospice où mène souvent l'amour sacré des lettres, qu'il ne faut pas confondre avec la rage pédagogique, et qui nous fait encore réclamer ces cadavres pour l'honneur de l'esprit français.

ROGER. — Le comte Roger du Nord, attaché à la diplomatie sous la Restauration, a été envoyé au palais-Bourbon en 1831 par le département du Nord, qui l'y a maintenu vingt ans. Cet ami de **M.** Thiers a voté contre le ministère pendant la seconde moitié du règne de Louis-Philippe, et il a protesté assez énergiquement contre la dissolution de l'Assemblée, en 1851, pour être momentanément privé de sa liberté.

CAULAINCOURT, — duc de Vicence, fils du général, est né en 1805. Il a rempli des fonctions diplomatiques, et il est membre du sénat.

CHASSELOUP-LAUBAT. — Le comte Prosper de Chasseloup-Laubat, ministre de la Marine, puis des Colonies, puis de la Marine, n'a fait qu'une partie de ses études à Bourbon, ainsi que son frère, lieutenant-général et représentant du peuple. Auditeur au conseil d'État, puis aide-de-camp de Lafayette en 1830, il était député six ans après ; nommé conseiller d'État l'année suivante, il prouva toute la loyauté de son caractère, en votant à la Chambre pour une proposition de M. de Rémusat, qui tendait à rendre incompatibles les deux fonctions qu'il remplissait, mais qui ne fut pas adoptée. Comme représentant du peuple, et même comme membre du Corps législatif, Chasseloup-Laubat n'a jamais transigé davantage avec sa conscience.

BENOIT-CHAMPY, — avocat estimé, membre du conseil de l'ordre, était républicain avant la République. On se corrigerait à moins. Ministre plénipotentiaire à Florence, nommé par le gouvernement provisoire, il a plaidé la

cause de la démocratie, dans un pays qui se
contente aujourd'hui du régime constitutionnel, qu'à renversé chez nous le 24 Février.
Représentant à l'Assemblée législative, puis
député au Corps législatif, Benoit-Champy est
président du tribunal civil de la Seine depuis
1856. Son fils est également des nôtres.

HORTENSIUS DE SAINT-ALBIN, — conseiller à
la cour impériale de Paris, débuta dans la
magistrature en 1830, et il empêcha l'année
suivante, le jour de la dévastation de Saint-
Germain-l'Auxerrois et de l'archevêché, que
la statue de Malesherbes fût jetée bas par le
peuple dans la salle des Pas-Perdus. Nommé
député de la Sarthe en 1837, il prit place dans
les rangs de la gauche, et après chaque session
il rendit exactement compte de ses votes à ses
commettants. Membre de la Constituante, il
l'eût été encore de la législative; mais la loi
électorale établissait l'incompatibilité entre
les fonctions de magistrat et le mandat parlementaire. D'autre part, Hortensius de Saint-
Albin fait des vers et il en publie; il écrit
aussi des articles sur des questions de droit et
de politique; il a donné une *Histoire de Sul-
kowski*. Quant à *Championnet, ou les Campagnes de Hollande, de Rome et de Naples,*
qu'il éditait dernièrement, c'est un ouvrage
posthume de son père, Alexandre de Saint-

Albin, lequel fut un des fondateurs et des premiers rédacteurs du *Constitutionnel*, d'abord appelé le *Journal du Commerce*.

WILLIAM DUCKETT, — dont le père, maître d'anglais, tint aussi une pension, est l'éditeur du *Dictionnaire de la Conversation*, auquel il a fourni un grand nombre d'articles.

LAVALETTE. — Né à Senlis le 25 novembre 1806, le marquis de Lavalette, plusieurs fois ambassadeur à Constantinople, puis à Rome, est membre du sénat.

EMILE PÉAN. — Un meunier grandement établi près d'Orléans envoya son fils, vers 1816, dans la pension Labbé, qui relevait du collége Bourbon. Les études de cet élève nommé Péan, furent bonnes et complètes. Il conserva une chambre dans la pension, pour commencer son droit, tout en donnant des répétitions à de jeunes élèves de la maison dont il demeurait l'ami. Plus tard l'étudiant devenait clerc d'avoué, puis avoué près la cour royale de Paris. Néanmoins ses opinions le rattachaient plus que jamais au parti des maîtres d'étude, et ceux-ci, qui rongeaient leur frein en attendant qu'une révolution leur permît d'aspirer à tout, virent le 24 Février réaliser le plus cher de leurs rêves. Péan avait collaboré au *Journal du Loiret*, ainsi qu'au *National*; il fut nommé adjoint à l'un des maires de Paris, puis membre de la commission municipale, et il se fit élire représentant du peuple. Homme du monde, causeur agréable, spirituel et gai convive, il avait toujours eu moins de succès en affaires que dans les salons. La République lui mettait sur les bras beaucoup trop d'affaires à la fois, pour que les siennes n'en souffrissent pas. Il avait eu la bonne fortune d'épouser une Orléanaise, sa fiancée dès l'âge de 12 ans; mais les convictions politiques de cette belle personne étaient encore plus avancées que celles de son mari et du mari de sa sœur, commissaire du gouvernement provisoire, devenu préfet du Loiret. La femme du représentant était déjà appelée Mme Roland, dans les salons de M. Marrast; par bonheur, elle ne joua ce rôle qu'en passant, et le nouveau Roland ne s'illustra que comme interrupteur vers le sommet de la montagne. Réfugié à Bruxelles pendant plus de huit années, Emile Péan n'est rentré en France qu'après l'amnistie générale.

Henry Monnier. — Il a écrit lui-même :

« Mes études furent assez mauvaises, tranchons le mot; je quittai le lycée Bonaparte sachant fort mal le latin, et cela par ma faute, je le confesse, par ma très-grande faute; peu de grec, point de mathématiques, pas l'ombre de géographie, écrivant assez tristement le français et mettant assez proprement l'orthographe. »

Monnier, né en 1806, s'était trouvé sur nos bancs avec Charlet, avec Bellangé, et peut-être même avec Grenier et Raffet, autres célébrités artistiques. D'abord clerc de notaire, puis employé aux écritures du ministère de la Justice, où sa calligraphie fut fort goûtée, Monnier ambitionna d'être roulier; il aimait le grand air, l'odeur du foin et la vie des auberges; mais la rencontre d'un de ses condisciples, élève de Girodet, fit qu'il utilisa pour l'atelier de peinture une blouse achetée pour courir les grandes routes. Heureux changement de vocation! car il avait la main d'une grande finesse, et ses vignettes sont de petits tableaux, frappés d'un cachet bien à soi. La lithographie le fit vivre, ou tout au moins manger des épinards, à l'anglaise si ce n'est au beurre. Pourtant, en 1829, il eut assez de cette herbe potagère; il ajouta un plat à son dîner, je veux dire une corde à son arc, en publiant un ou deux volumes de ses *Scènes populaires :* l'artiste s'était fait homme de lettres. Les charges d'atelier qu'il inventait alors lui concilièrent bientôt l'admiration d'un certain nombre d'amateurs, parmi lesquels figuraient Romieu, James Rousseau, Gavarni, David le tragédien et d'autres viveurs ou artistes, qui ne pouvaient plus s'en passer. Le 27 juillet 1830, au lieu de faire des barricades, Henry Monnier prenait un crayon rouge ; il passait trois jours à écrire 10,000 fois sur les murs de Paris ces deux mots : *Crédeville, voleur*. Il vengeait ainsi ses amis d'un usurier qu'il obligea à changer de résidence : sa révolution était là.

« J'ajoutai un fleuron à ma couronne, dit-il encore dans le style de son fils Prudhomme, en prenant les qualités d'auteur et d'artiste dramatique. »

Il débutait effectivement avec de doubles risques à courir, dans la *Famille improvisée*, au Vaudeville, et à cette pièce à tiroirs succédèrent *Joseph Trubert*, le *Contrebandier* et le *Courrier de la malle*. Lorsqu'il eut fait courir tout Paris rue de Chartres, il franchit lui-même les distances, il fit son tour de France en qualité d'artiste en représentations, puis comme directeur d'une troupe ambulante. En 1842, il reparut au Vaudeville ; en 1848, il créa les *Compatriotes*, aux Variétés. Enfin, le 23 novembre 1852, il donna et il joua à l'Odéon un ouvrage de plus longue haleine, *Grandeur et décadence de M. Prudhomme*. Le type admirable de bourgeois qui n'est dû qu'à Henry Monnier, n'eût pas été complet sans cette comédie, à laquelle ont collaboré MM. Alphonse Royer et Gustave Vaëz. Depuis lors le *Roman chez la portière* a été représenté et maintes fois repris au théâtre du Palais-Royal : succès de rire inépuisable! Une autre pièce au même théâtre et une autre aux Variétés ont médiocrement réussi, bien que l'auteur y payât de sa personne comme toujours. Paris est le point de repère de ce cher artiste nomade, qui court encore la province et les pays environnants. Ce roulage dramatique perpétue son indépendance et sa gaieté : n'est-ce pas à peu près la réalisation de son rêve d'autrefois? La belle humeur et le talent l'un portant l'autre sont un leger bagage, plus commode à charrier que des balles de coton.

Élèves de la troisième période : — Eugène Rendu, chef au ministère de l'Instruction publique, auteur de *M. Ambroise Rendu et l'Université de France;* Edmond de Saint-Aignan, naguères conseiller d'Etat; Laffon de Ladébat, qui a été conseiller de la préfecture de la Seine; A. Jamet, journaliste; P. de Mahou et Thévenin, magistrats; les Valton, dont un préfet; Rudolf, professeur à Strasbourg, et Gourgaud-Dugazon, à Versailles; les Mortier des Noyers; Bon Pichon, fils d'un conseiller d'Etat, ex-intendant civil en Algérie, bibliographe, archéologue, président de la Société des bibliophiles; Edouard Delorme, chef au ministère de la Guerre; Boullay, ancien sous-préfet; Chabouillé, élève en 1815, professeur au Lycée de 1828 jusqu'à présent, auteur d'un *Abrégé de l'Histoire sainte,* d'une *Grammaire latine* et d'une *Grammaire française;* Théodore Bénazet, décédé, fils du fermier des jeux, rédacteur des *Débats;* Durille, professeur; Du-

coudray, chef au Dépôt central d'artillerie ; de Chabrol,
banquier ; Johannot, ancien directeur des finances ; Le-
dreux, notaire à Vitry-le-Français, qui a remporté le
prix d'honneur de rhétorique au concours général de
1828 ; Cte d'Alfaro, prix d'honneur de philosophie au
concours de la même année ; Janolin, autre lauréat,
maintenant avocat ; Carion frères ; Auchard ; d'Etche-
goyen, mort ; Louis Moreau, bibliothécaire, puis rédacteur de *l'Univers* et de *l Union ;* Chanal, capitaine d'artillerie, ensuite préfet, fils d'un officier de marine qui
a donné son nom à une île de la mer du Sud ; les Pacini : l'un officier de marine, l'autre auteur des paroles
de *Stradella*, de *Freytschutz* et d'autres grands opéras ;
Bon Menneval, fils du secrétaire de l'empereur, officier
d'artillerie, officier d'ordonnance de l'empereur, et son
frère, Eugène de Menneval, diplomate ; Auguste et
Edouard Bérard ; Legendre, médecin des hôpitaux, auteur d'un travail remarquable sur les syphilides, de
recherches anatomo-pathologiques et cliniques sur
quelques maladies de l'enfance ; Oddoul, sous-commis-
saire du gouvernement provisoire à Avallon en 1848,
auteur d'un pamphlet bien écrit, mais pénible à lire
pour les amis de M. Thiers ; Hinoult, attaché à la préfecture de la Seine ; les deux Perregaux, fils du banquier ; Leguey, avoué ; P. Guillot, avocat ; Lorendeau,
Bigottini, C.-P. de Cambis, L.-A. de Brigode, Ch.
Hatry, A. Charpentier, E.-H. de Grouchy, de Varenne,
Bézier, Valais, A.-N. Lebègue, Saint-Léger, Bréart,
A. Benoist, Ch. Robin, d'Ormesson, Aurélien, Haden-
gue, d'Astorg, Ch. de Guelfe, L.-C. Delescluse, Gavau-
dan, Coste, A. Brisset, Ch. Teste, Aurèle, C. Maldan,
J.-E. Lutton, G. de Billing, P.-E. Véron, C. Lory, F. Lu-
cas, G. Colomb, Dumont, G. d'Halmont, A. Petit,
L. Rivet, les Héron de Villefosse ; E. de La Fontaine,

P. Perreaux, E. de Pavant, P. Castillon, J. Bouron,
Eugène Déjazet, O. Ballard, L. Lemaître, A. de Mon-
termé, H. Dagincourt, L. Saussine, E. de Gesnes, Pe-
titpas, de Wall, E. Mascré, H. Macaire, L. Blaize, A.
Mayaud, P. Corot, E. Guerry, R. Royer, L. Capitaine, H. Dessarsin, E. Migneron, P. Pernet, Haudry
de Soucy, A. Roussel, A. du Cauroy, L. Berson,
A. Dantine, E. Dolfus, Ligeret frères, L. Orban,
L. Jeanne, C. Desperrières, C. Thibault, H. Grand,
T. Porchet, O. Lelièvre, F. de Lavigne, John Ver-
non, J. de Mareuil, C. Chapelain, J. Guizot, J. Sou-
lié, Léon Tripier, P. Dauriac, C. de Freytag, G. Bar-
veaux, L. Brichet. C. Lecointe, J. Chouveroux, C. Pra-
del, C. de Marçay, F. Olive, L. Bressan, E. Burel,
L. Arosa, Gimel, de Meaupoux, Coraly, Cottenet, de
Fienne, Martin de Fray, Guillaume d'Oribeau, Bréa ;
Levaux, avoué ; Dr Malherbe ; Porée, chef aux Travaux publics ; Mis de Miramond et son frère ; Da, avocat ; Cte de La Grange ; de la Hautière, poëte et auteur
de livres socialistes ; Débarbouiller, brillant lauréat,
puis professeur de rhétorique à Orléans ; Louis Etienne,
professeur de la Faculté des lettres de Rennes, qui a publié des études sur Lamothe-Levayer ; Davillier, président de la Chambre de commerce ; Constant Berrier,
bibliothécaire ; Valery Radot, de la bibliothèque du
Louvre, lauréat qui a fait faire un jour à son maître
de pension le calembour suivant : Le collége Bourbon
naufragé s'est retiré sur un *radeau;* Bon Senez ; Th.
de Varaignes ; Cte Andréossy ; Cte de la Panouze, F. Letellier ; L. Masson, graveur et sculpteur ; Edouard Fé-
tis, fils du compositeur, auteur de la *Biographie des
musiciens;* Charles Rigaud, employé à la Guerre pendant douze ans, sous-préfet à Ribérac après les
événements de 48 ; Eugène Donon ; Bon Devèze ;

Vte de Beaumont; Servais, littérateur; Malepeyre, avocat; Cte de Tournon; Mis de Bongars; Clavel, trésorier actuel du Corps législatif et de l'Association amicale des anciens élèves du lycée Bonaparte, collége Bourbon; A. Becquerel, médecin des hôpitaux de Paris et professeur, qui a écrit sur les maladies des enfants et un *Traité de Séméiologie des urines*, un *Traité d'hygiène, etc.;* Béhier, confrère et collègue de Becquerel, auteur des *Eléments de pathologie interne* et d'autres écrits sur la médecine; Bassery, agent de change, et son frère; Tilmant, chef d'orchestre au Théâtre-Italien, puis à l'Opéra-Comique; Landormy, élève d'Habeneck, un des premiers violons de l'Opéra; Doche, ancien chef d'orchestre du Vaudeville et auteur d'airs nouveaux, qui a laissé son nom à une actrice; Lebrun, inspecteur de l'instruction primaire; H. Barbet, négociant; Edmond et Joseph Périer, anciens députés et banquiers; Froy z, référendaire au sceau; Blaze de Bury, fils et collaborateur de Castil-Blaze, beau-frère de M. Buloz, littérateur et musicographe; Foureau de Latour, avocat; Scherer, ingénieur des ponts et chaussées; Forestier, receveur général; Lechevalier, avocat; Forest, huissier; Foy, trois frères, fils du général : l'aîné, Fernand, est ancien pair de France, Maximilien officier d'état - major, Tiburce préfet; Cte d'Espinchal; Bon de Montbrun; Bon Seillière, banquier; Girod (de l'Ain), fils du ministre; Becquet, magistrat; Philippe Panel, comédien de salon, attaché au ministère de la Guerre; Louveau, juge de paix à Paris; Cte de Forget, cousin de l'empereur, petit fils de Mme de Lavalette, qui sauva son mari, lors du procès du maréchal Ney; Gendron; Cte de Ganay; Vilain, architecte; de la Tour, chef de section aux Cultes; G. Jessé, négociant; Hé-

relle, deux frères : l'aîné , ex-auditeur au conseil d'E-
tat ; Bon de Marbot ; Pancellier, architecte; Vial et
Isambert , magistrats ; Duplan , Pilté , Delpit , les
Thomas, directeurs de compagnies d'assurance; Ger-
vais , de Beaumont ; Hamelin, du Seuil, O' Donnell,
Lambert, Lerat de Magnitot, Trubert, Bouchard, Fre-
teau de Peny et G. de Laténa, référendaires à la Cour
des comptes ; Mallet, architecte ; Payelle, avocat ;
Dupin, ci-devant référendaire ; Woidier, rentier ; les
deux Singer : l'un ancien agent de change, l'autre
propriétaire, uni à Mlle Lablache; Dartigues , Emile
Garnot, Lagarde et Minoret, avocats ; Emile Thomas,
ex-directeur des ateliers nationaux ; Pépin-Lehalleur,
avocat ; Lavielle ; Vigourel, banquier ; de La Malle ,
ex-auditeur du conseil d'Etat ; Guessard, professeur
à l'Ecole des chartes ; Mauguin, architecte ; Vernières,
chef à la préfecture de la Seine; Bouchez, avocat; le Vte
Friant, officier d'ordonnance de l'empereur ; trois de
Ségur, petits-neveux de l'académicien, et petits-fils de
Rostopchin, qui a brûlé Moscou : l'un député au Corps
législatif, un autre maître des requêtes, et le troisième, qui a été peintre, comme un de ses frères a fait
des fables, chanoine–dignitaire de Saint-Denis ; Cte de
la Ferrière, député ; Cte d'Argout, maître des requêtes ; Cte d'Aygues-Vives, écuyer de l'empereur; Rail-
lard, juge ; Excelmans, capitaine de frégate, qui a été
officier d'ordonnance du prince-président ; de Barrère, consul à Tiflis ; Fabre, consul ; Vte Gourgaud ;
Guiard, fils d'un avoué d'Avallon, infatigable lauréat,
auteur d'une parodie d'*Hernani* lue un jour de Saint-
Charlemagne : il a pourtant loué Victor Hugo dans les
Luxioles, volume de vers, avant d'être professeur de
seconde à Charlemagne, et il a fini tristement; Mou-

nier, professeur de rhétorique à Poitiers; Burguières, professeur agrégé à la Faculté de médecine, puis médecin sanitaire en Orient ; Châtelier, avocat à Cayenne ; Ruelle, ingénieur des chemins de fer ; baron de Rothberg ; Sadous et Collet, professeurs; Gérard de Melcy, uni à Mlle Grisi ; Ménard, journaliste à la Martinique, frappé à mort dans un duel au fusil ; D'Escayrac-Lôture, qu'une mission scientifique a envoyé en Chine avec l'armée française; Morton, auteur dramatique anglais ; Serpeille , journaliste ; Cte Lepic, aide de camp de l'empereur ; Bon Lepic, préfet; les fils du maréchal Reille, desquels il en est un aide de camp de l'empereur et un député ; Vte de Septeuil ; Nilot ; Gille, qui a écrit dans *la Presse ;* de Fontanelle, Michel et Mila de Cabarrieu, préfets ; Gentil de Saint-Alphonse, fils du général : il figure dans le tableau de la Smala ; deux Houdaille : l'aîné au Trésor, l'autre substitut à Nancy, tous deux beaux-frères de M. Buffet ; Cte de Treillard, magistrat ; Saint-Didier, inspecteur au Trésor : Chamiot, que l'île Bourbon a connu, journaliste; deux Brillant, l'aîné, ancien auditeur au conseil d'Etat; Goiset, associé d'agent de change; baron Regnauld, officier supérieur; Sibire, avoué, président du comité des fondateurs de l'Association amicale; Magnier, arbitre ; Marguerin, professeur de rhétorique supplémentaire à Bourbon, puis directeur de l'école Turgot, dont les recherches historiques et les écrits relatifs à l'enseignement de l'histoire sont venus après de nombreux articles du même auteur dans le *Courrier français ;* Vivant Denon ; Edouard Disant, consul, intendant, sous-préfet, homme de lettres ; Romtain, professeur au Collége; Moissard, ingénieur de la marine ; Bourget, qui a été rédacteur en chef de l'*Akbar,* journal d'Alger ; Talma, capitaine de frégate ; Monicault,

magistrat; Chatenay et Pezzold, ingénieurs des ponts
et chaussées; les de Brayer; Cuvillier, élève de 1819
à 1825, officier en sortant de Saint-Cyr jusqu'en 1833,
professeur de mathématiques au Lycée postérieurement; Doullay, professeur de rhétorique à Orléans;
Cahours, professeur de chimie à l'Ecole centrale, es-
sayeur à la Monnaie, examinateur à l'École polytechnique; Dr Coutour, ancien interne des hôpitaux, dé-
coré à la suite d'une mission du gouvernement en
Russie, auteur de travaux sur le diabète sucré, sur le
croup, sur les abcès du sein, sur le choléra; Lestre-
lin, un dentiste à la mode, reçu docteur en 1836, ancien élève des hôpitaux de Paris; Blaisot, intendant
militaire; Joanet, professeur d'hydrographie; Hugon,
officier d'artillerie; Chalan, prix d'honneur de philosophie au concours en 1829; Guépin, de Nantes, même
succès l'année d'après; Béhic, ex-député, inspecteur
général des finances, puis conseiller d'Etat; le colonel
Marguenin; baron de Beauverger, littérateur et membre
du Corps législatif; Hortus, chef d'institution et adjoint au maire du VIIe arrondissement; Hubert, ancien avoué; Renart, professeur à Bourbon, puis à
Saint-Louis; Darbonnens, du ministère de la Justice;
Froyez, référendaire au sceau; Cuffer, médecin à Sois-
soins; Dr Seguin, auteur d'un beau travail, lu à l'Académie, sur un nouveau moyen d'extraire des matières
animales un gaz propre à l'éclairage; Dr Taupin, qui
a publié des mémoires estimés sur les maladies des
enfants; Ed. Hostein, caissier d'une maison de commerce, puis paysagiste, dont la réputation a commencé
au salon 1833; Léon Fleury, fils d'artiste, revenu lui-
même de Rome paysagiste distingué; Favé, colonel
d'artillerie, aide-de-camp de l'empereur; Ternaux,
frère de l'ancien député; feu Charles de Riancey, lit-

térateur et représentant du peuple, frère du rédacteur actuel de l'*Union;* de Pourtalès, ambassadeur de
Prusse; A. Cuisinier de Montis, de qui circulent des
vers mis en musique; Amiot, professeur de mathématiques à Bonaparte et à Saint-Louis; Dethan, adjoint
au maire du Ier arrondissement; Eugène Duplay, chef
d'institution; Mimerel, avocat à la Cour de cassation;
Salvetat, directeur des travaux chimiques à la manufacture de Sèvres; de Bellefonds, commissaire principal
au ministère de la guerre; Boussaton, Sibire et Cre-
ton, commissaires-priseurs; Boudin de Vesvres, La-
vocat, Thomas, Yver, Lefébure de Saint-Maur, Fai-
seau-Lavanne et Ducloux, notaires; Dreux et Thion de
la Chaume, anciens notaires; Pettit, avoué; feu Gustave Pélissier, fort dans toutes ses classes, puis attaché
à des maisons de banque; Duverger, professeur à l'É-
cole de droit; Mis de Caulaincourt, membre du Corps
législatif; Bon de Montfort, officier supérieur; Alboize,
auteur dramatique; Eugène Talbot, professeur de rhétorique à Louis-le-Grand et auteur de plusieurs ouvrages; Gauthier, conseiller d'Etat, secrétaire général
du ministère de la maison de l'empereur; Ledieu, directeur du Mont-de-Piété; Mimerel, représentant, puis
sénateur; Durand-Brayer, officier de marine, puis
élève de Gudin et peintre de marine très-estimé;
Talabot; Isambert; Pépin-Leballeur; Crespy-le-Prince,
peintre; Rixin, qui justifiait son nom en se montrant
un élève bien rageur.

SCHŒLCHER, — fils d'un marchand de por-
celaines établi autrefois au coin du boulevard
Montmartre, en face de la rue Richelieu. Je
dis marchand plutôt que fabricant : personne
alors ne voyait dans le commerce une dépré-

dation exercée aux dépens du producteur et du consommateur. V. Schœlcher eut un prix en 1818. Son frère aussi fut élève de Bourbon; mais il rencontra en Afrique un ancien colon de l'île de la Réunion, qui le tua en duel. Le journaliste Schœlcher, républicain et socialiste, fut élu représentant du peuple à la Guadeloupe; il avait commencé en 1833 à écrire en faveur des nègres, des ouvriers et des paysans.

TARDIF, — poëte échappé d'une étude de notaire, a fait paraître des chansons, le *Remède d'amour*, imitation d'Ovide, *les Myrtes et les Lauriers*, recueil de vers. Il a cessé de rimer et de vivre vers 1855.

NÉLATON, — né en 1807, est professeur de clinique chirurgicale à la Faculté, membre de l'Académie impériale de médecine et chirurgien attaché aux cliniques. Ses thèses sont: *Recherches sur l'affection tuberculeuse des os, Tumeurs de la mamelle, De l'influence de la position dans les maladies chirurgicales, Parallèle des divers modes opératoires dans le traitement de la cataracte.* Il est l'auteur d'un *Mémoire sur le mécanisme des luxations de la mâchoire inférieure.* Le *Dictionnaire des Dictionnaires de médecine* et d'autres recueils doivent à Nélaton des articles importants. Son grand ouvrage est : *Eléments de pathologie chirurgicale.*

LES VOILLEMIER — sont deux frères. L'aîné, Jules-François, n'a étudié la médecine qu'en écrivant dans les journaux par-ci et en étant par-là remplaçant au Collége; conservateur du musée des médailles à la Monnaie, pendant la République, il est maintenant préfet des études dans la pension Cousin. Léon-Clément, reçu docteur en 1834, puis professeur agrégé et chirurgien des hôpitaux, avait remporté à la Faculté un prix Montyon, décerné chaque année au meilleur mémoire sur la maladie qui a prédominé l'année précédente. Un de ses malades, M. Marrast, fit nommer Voillemier en 1848, un des trois administrateurs des hôpitaux. Aujourd'hui il est chirurgien de l'hôpital La Riboisière.

MORTEMART. — Le marquis de Mortemart, député du Rhône au Corps législatif, et son frère, ont fait leurs études au Collége. L'un d'eux, député sous Louis-Philippe, votait assez souvent avec MM. Thiers et Odilon Barrot.

LESSEPS. — Le comte Théodore de Lesseps, sénateur; son frère, le promoteur ardent du percement de l'isthme de Suez, et son autre frère, le baron de Lesseps, représentant le bey de Tunis à Paris, se sont assis tour à tour sur nos bancs, ainsi que des membres plus jeunes de la même famille.

Ernest Legouvé, — fils de l'auteur du *Mérite des femmes*, a vu le jour en 1807 dans l'appartement qu'il occupe actuellement à Paris. Bouilly, le vieux conteur, a été son tuteur, et l'a envoyé à Bourbon, en administrant sa fortune assez bien pour lui faire 20,000 livres de rente à sa majorité. Mais Mlle Sauvan, qui tenait une pension de demoiselles, a contribué aussi à l'éducation du jeune homme, en lui rendant elle-même à son tour, comme une part d'héritage encore plus difficile à conserver intacte, l'opinion favorable à son sexe qui avait dicté tout un poëme à feu Legouvé. Ernest était souvent le premier de sa classe; il ne sortait pas le dernier de l'institution Butet quand venait un jour de congé, et il allait souvent chez Mlle Sauvan, avec Sauvan son condisciple, plus tard commissaire-priseur. Dans cette autre pension, où des leçons il passait aux conseils, et des récréations aux distractions, il apercevait au parloir ou par les fenêtres, sous les arbres du jardin, ou le dimanche à l'heure de la messe, et mieux encore le jour de la distribution des prix, une vingtaine de jeunes personnes qui n'avaient plus la moindre envie d'être prises pour des enfants. Une seule de ces pensionnaires fut distinguée par le rhétoricien, qui reconnaissait à merveille la

trace de ses pas sur le sable, le frôlement de
sa robe sans la voir, sa voix au milieu d'autres voix, et sa musique au piano de bien loin.
L'amour qu'elle avait inspiré au fils du poëte
n'était plus un mystère pour cette demoiselle; mais vraisemblablement les dix-neuf
autres s'y fussent montrées sensibles d'une
manière différente : le jeune homme, bien
qu'il fût aimé, avait trop de fortune pour
qu'elle consentît à devenir sa femme. Le
bachelier, n'ayant pu venir à bout de cette
résistance, que son âge motivait aussi, prit
congé de Paris et voyagea beaucoup, dans
l'espoir d'oublier. A son retour, il publia des
vers, *les Morts bizarres*, puis *Max*, roman.
Nous lui demandons grâce à lui-même pour
ces deux premiers livres, que le poëte classique désavouerait presque aujourd'hui. L'ingrat torturait à ravir la pensée et le mètre lorsqu'il s'abandonnait aux inspirations romantiques, et le sujet de son roman, cavalière-
ment mené, était bon : il en ferait aujourd'hui
cinq actes haut la main. La pensionnaire de
Mlle Sauvan était devenue institutrice; Legouvé, ayant vingt-huit ans, la décida enfin
à l'épouser. La seconde manière d'un auteur,
d'un artiste, commence assez souvent lorsqu'il renonce à la vie de garçon. Il s'est
pourtant écoulé des années entre la première

édition d'*Edith de Falsen* et deux succès
remportés au théâtre, avec la collaboration
de Scribe, par notre éminent camarade :
Adrienne Lecouvreur, les *Contes de la reine
de Navarre*. D'autres ouvrages ont montré
que Legouvé peut réussir fort bien sans collaborateur, notamment deux pièces en vers :
Béatrix, Un jeune homme qui ne fait rien.
En 1847, il faisait au Collége de France un
cours d'histoire morale des femmes; huit
ans après, il prenait possession du fauteuil
d'Ancelot à l'Académie française. Les deux
premiers banquets de l'Association des anciens élèves du Lycée ont eu Legouvé pour
président.

BESCHERELLE FRÈRES : — savants grammai-
riens, fils d'un épicier de la rue du Rocher.
Les deux frères ont publié, tant ensemble que
séparément, un grand nombre d'ouvrages
utiles, et notamment un *Cours complet de la
langue française* et le *Dictionnaire national*,
dit Bescherelle. L'aîné a été attaché à la bibliothèque du Louvre, et l'autre au bureau
du conseil d'Etat.

GUSTAVE PLANCHE, — mort à la maison Dubois, dans sa 49me année, le 18 septembre
1857, a élevé la critique à la hauteur d'un art.

Tout ce qu'il a passé en revue se ressent
encore de l'arrêt qu'il a prononcé, lequel de-

meure inséparable de l'œuvre qui en est l'objet, et quelquefois même lui survit. D'un poëte ou d'un artiste déjà en vue, déjà célèbre, Planche ne craint pas de remettre en question à chaque instant la gloire, en présence de ses ouvrages, d'autant mieux qu'il ne les soumet à un examen redoutable qu'en se montrant aussi poëte et artiste. D'où viens-tu, dit-il à l'idée, et quelle forme as-tu revêtue? D'autres se contenteraient d'un signalement banal pour contresigner le passeport ou refuser leur signature. Mais lorsque l'éminent critique parle d'un livre, d'une pièce de théâtre, d'un tableau ou d'une statue, ce n'est jamais un concurrent qu'on puisse récuser comme juge : le compte rendu est sa seule production.

Il a commencé tout doucement par des traductions de Thomas Moore, dans le *Globe;* mais son premier succès est dû à un premier article sur le salon de 1831. Ne sont-ce pas, pour ainsi dire, les monuments d'une jurisprudence que les articles de Gustave Planche recherchés dans la collection de la *Revue des Deux-Mondes* et dans un petit nombre d'autres recueils périodiques, ou bien réunis en volumes? Diderot, en matière d'art, fait moins autorité que l'auteur de ce livre : ***Les Peintres et les Sculpteurs***.

Quand un homme de goût parvient à dé-
montrer que la réputation d'un écrivain ou
d'un artiste contemporain est surfaite ou est
usurpée, ne rend-il pas service à tous les autres? Cependant on finit toujours par prendre
en grippe le critique de profession; les abeil-
les font cercle en aiguisant leurs dards, en
bourdonnant, au lieu de choisir les fleurs qui
rendraient succulent leur miel, et plus bas
que la ruche d'ingrates fourmis s'assemblent,
pour crier elles-mêmes au frelon. Maîtres et
disciples de toutes les écoles mettent l'impuis-
sant au défi; le sérail en veut à l'eunuque; la
fable du *Renard et des Raisins* trouve une
application nouvelle. Mais ces raisins trop
verts et bons pour des goujats, Gustave Planche les laisse encore à tous les malappris qui
le provoquent grossièrement.

On lui reproche une tenue qui ne laisse pas
d'être quelque peu cynique; mais les profits
qu'on tire uniquement de la littérature per-
mettent-ils de s'habiller comme un associé
d'agent de change? L'éloge rapporte des titres
et des places auxquels n'a jamais prétendu le
Diogène du compte rendu. Ses idées sourdent
loin des combinaisons de l'ambition et de l'intérêt, et filtrées goutte à goutte, elles ruissel-
lent à l'ombre, avant de faire leur lit d'un
seul flot sur le papier blanc. On dirait que la

copie alors coule de source ; néanmoins elle a donné cours et à des sueurs et à des larmes, que font briller comme des perles rares l'art et le style qui les enchâssent. Rarement une rétribution à tant la ligne est suffisante pour le journaliste sans que l'x de la corruption y ajoute ses fonds secrets. Or, un jour qu'il est sans argent, Planche aime mieux se critiquer lui-même que de pêcher en eau trouble avec sa plume d'aigle, et il insère dans l'*Artiste* quelques pages intitulées l'*Homme sans nom*, qui n'ont paru qu'en première édition dans le *Recueil des Portraits littéraires*. Il cesse d'écrire sitôt qu'un héritage le fait riche, et il passe tout le temps qu'il peut en Italie, dans les Musées, dans les théâtres, à jouir, sans en rendre compte, d'une liberté et d'un soleil que Paris lui refusait souvent. Son père, établi pharmacien, au coin du boulevard et de la rue de la Chaussée-d'Antin, lui a donné pour frères deux élèves du même collége : Charles Planche, paysagiste, et Augustin Planche, traducteur des *Principes d'économie politique* de Mac-Culloch, rédacteur de la *Revue britanique* et du *Journal des Economistes*, attaché actuellement à la Bibliothèque impériale.

JEANRON, — né à Boulogne-sur-Mer, suivit d'abord, sur les pontons de Portsmouth, son

père, que les Anglais avaient fait prisonnier à
Flessing. Élève du collége Bourbon, il ne le
fut jamais d'un atelier de peinture. Le musée
de Caen acheta la première toile de Jeanron
qui eut du succès : *Les petits Héros de Juillet*. L'artiste, ayant été présenté par Godefroi
Cavaignac à Ledru-Rollin, qui lui commanda
ensuite des tableaux, on suppose qu'il portait
déjà la carmagnole avant le 24 Février à l'intérieur de son atelier. Mais il n'avait pas que
ce titre à la nomination de directeur général
des musées de France en 1848; il avait obtenu
dans les expositions des récompenses comme
peintre, il avait commenté Vasari, et il avait
publié des articles sur les beaux-arts dans les
revues. Vivien et M. Thiers vinrent revoir ce
Louvre de la peinture que le roi déchu aimait
tant : Jeanron leur en fit les honneurs. La
Constituante, en cédant aux instances du nouveau directeur, vota deux millions pour restaurer les galeries du Musée, où la lumière
ne se distribuait pas d'une manière assez favorable à l'exhibition des œuvres d'art. Mais
peu de temps Jeanron garda sa place. Il reprit ses pinceaux comme avant Février, et le
gouvernement du prince-président lui acheta
un tableau remarqué au salon d'alors : c'était
la *Vue du port abandonné d'Ambleteuse*, et de
ce port, voisin du camp de Boulogne, Napo-

léon Ier avait souvent braqué sa longue-vue sur les côtes de l'Angleterre.

ALPHONSE KARR. — Cher lecteur, rassure-toi : je ne m'en vais te raconter ni l'anecdote du cuirassier, ni celle du chien, ni celle du nègre, ni celle de Mme Louise Colet. Le héros principal de ces quatre aventures s'est bien gardé de nous en laisser la primeur. Au reste, le talent et le succès lui-même ne réussissent à populariser le nom de certains auteurs que si des historiettes toutes personnelles se mettent de la partie. Or, pour occuper de soi, pendant trente ans, un public qui n'est pas toujours de bonne humeur, il faut non-seulement y mettre beaucoup du sien, et ne pas attendre du hasard la bonne fortune des indiscrétions ; mais encore avoir plus d'esprit que les biographes passés, présents et à venir.

Eugène Karr, frère d'Alphonse, employé supérieur dans une grande usine, s'est appliqué de bonne heure à l'étude des sciences exactes, qui ont fait de lui un homme positif. Leur mère était la nièce du baron Heurteloup, médecin de l'empereur; leur père ,un musicien qui ne manquait pas de talent. Mais la vie de ce dernier n'a pas été plus calme, moins débattue que plus tard celle de l'auteur. Celui-ci, n'ayant pas toujours été d'accord avec sa famille, écrivait, étant jeune encore :

« Le ciel ne donne aux jeunes gens des parents que pour apprendre comment ils ne doivent pas, plus tard, se conduire avec leurs enfants. »

Alphonse Karr n'était pas un élève à citer pour sa docilité et son application. Toutefois, il obtenait assez souvent les premières places, surtout en vers latins et en thème, n'en déplaise à l'auteur du roman *Fort en thème*. Grand fileur, il devint un excellent nageur, à force de se baigner au lieu d'aller en classe, et il prêtait son nom de bonne grâce à des calembours que voici : *car-nage, car-abin, car-afon, car-ême, car-ton, car-relet.*

Car on le trouvait laid, avant que la barbe lui séparât la bouche des oreilles. Mais une taille élevée et de larges épaules, qui sont venues avec la barbe, ont fait du maître d'étude de la pension Labbé, remplaçant au Collége, un bel homme, que les meilleurs juges à cet égard poursuivaient de leurs œillades en ville. Sa tenue trahira toujours l'affectation d'originalité dont son talent n'est pas exempt. Du reste, il a trouvé moyen de porter avec élégance jusqu'au chapeau pointu du bousingot, ainsi que son rotin, avec un habit de velours noir ou une redingotte olivâtre à large collet renversé, un pantalon collant et des bottes molles. Pour exécuter de tels ordres, il fallait que Chindet, tailleur d'Alphonse Karr, lui dût de l'argent et tint singulièrement à s'acquitter. Les hardiesses de sa toilette font ordinairement contraste avec la retenue et la modestie que Karr observe quand il se trouve hors de chez lui et avec plus de trois personnes. Aussi bien, quel esprit, quelle verve, en présence d'un petit nombre d'amis au coin du feu, ou sous un arbre du jardin !

Il écrivait déjà dans le *Figaro* étant pion, étant remplaçant. La révolution de Juillet le fit collaborer à l'établissement d'une barricade rue de Courcelles, mais malgré lui ; il en convint fort bien en s'excusant d'un retard involontaire auprès des successeurs de Labbé, maître de pension, qui le voyaient revenir les mains sales et plein de poussière, avec une petite rose moins fraîche que de coutume à la boutonnière. Il ne tourna le dos aux classes qu'en publiant le premier de ses livres, qui est aussi le meilleur : *Sous les Tilleuls.*

Doisy, un des élèves qu'il avait surveillés chez Labbé, le rencontra plus tard, mais dans une circonstance qui l'empêcha d'abord de se faire reconnaître. Une affaire d'honneur amenait Doisy sur le terrain, et l'ancien maître d'étude était un des témoins de l'adversaire. L'élève reçut, sous les regards du maître, nouveau genre de leçon, un coup d'épée dans le bras ; puis il lui rappela leurs anciennes relations. Raison de plus pour que le témoin prodiguât ses soins au blessé, en lui reprochant de s'être fait reconnaître trop tard et de s'être fendu trop tôt! Alphonse Karr cette fois avait raison ; mais la plume à la main, ne s'est-il pas rendu coupable d'hérésie en matière d'escrime? Grisier, maître d'armes de Karr, puis de Doisy, et puis le nôtre, est loin d'avoir appris à ses élèves que certains coups se parent avec le corps, et néanmoins l'humoriste a mis en tête d'un chapitre de roman cette épigraphe :

> « La troisième parade est celle du corps,
> c'est la meilleure. »   *Grisier.*

Ce monde est comme une grande salle d'armes pour Alphonse Karr, qui, dans ses *Guêpes*, boutonne tant d'abus et met tant de préjugés au pied du mur ! Il prodigue des leçons d'escrime qui ne font pas couler le sang, mais qui déchirent bien des plastrons et qui enlèvent bien des masques. En garde! en garde! Il frappe deux fois du pied, et de ces deux appels, qui se répètent souvent, le style de l'écrivain tient compte par des moins, — qui n'ont pas d'autre raison d'être —.

Léon Gatayes entretient depuis longtemps, avec Alphonse Karr, une conversation imprimée qui met le public en tiers dans un tête-àtête amical ; ils ne reçoivent jamais que par la voie de la presse, grande ou petite, des nouvelles l'un de l'autre, lorsque Gatayes séjourne en Angleterre, ou lorsque Karr a transporté à Saint-Adresse, ou bien à Nice, la scène de sa vie, que l'excentricité et la célébrité concourent à rendre théâtrale. Les mêmes journaux ont retenti des débats judiciaires que soulevait une demande en séparation de corps présentée par Mme Karr. Sa fille, Mlle Thérèse Karr, signait déjà quelques articles dans l'*Artiste*, dans le *Musée des Familles*, pendant la République, et, plus instruite qu'un bachelier ès-lettres, elle était également bonne musicienne.

A cette époque Alphonse Karr, rédacteur en chef du *Journal*, organe des opinions du général Cavaignac, se montrait plus républicain que ses livres ne l'avaient fait croire. Le parti des maîtres d'études voyait pourtant dans cet ancien collègue un fidèle de l'avant-veille. Un dîner, tous les vendredis, réunissait les collaborateurs autour du rédacteur en chef, qui ne les tenait pas à distance.

Est-ce que Nadar, le coupeur du *Journal*, ne fut pas appelé un jour dans le cabinet d'Alphonse Karr, qui lui demanda s'il dînait tous les jours ? Le rédacteur principal, craignant que les appointements du modeste collaborateur ne fussent pas en rapport avec ses besoins, s'informait amicalement de son genre de vie, et il prenait la peine d'établir, d'après ses réponses, un budget que pour son propre compte il n'avait jamais su dresser. Bref Nadar, qui avait une mère, un frère et une sœur, sortait du cabinet avec un supplément de traitement et muni d'excellents conseils sur la manière de s'en servir.

Une autre fois, on parlait d'expulser certain médecin qui s'était introduit et qui avait fini par s'installer dans le bureau de rédaction sans y avoir été appelé; Karr, pour épargner un affront à cet intrus, se chargea de l'éconduire sans qu'il lui fût dit un seul mot. Un alinéa du feuilleton qui faisait suite hebdomadairement aux *Guêpes*, fut consacré à M***, et exposa sa situation plus spirituellement, sans doute, que nous n'allons le faire de mémoire. Il avait demandé tout d'abord audience au directeur-gérant pour lui parler de la pluie et du beau temps; le lendemain, il avait abordé le coupeur en lui tâtant le pouls, à titre d'ami de la maison; le troisième jour, il avait distribué des poignées de main autour du tapis vert, en empruntant une plume et du papier pour gratifier le garçon de bureau d'une ordonnance dont il n'avait que faire; peu de jours après, la place de l'importun était marquée à la table des rédacteurs, et enfin il gravait son nom avec la pointe des ciseaux de Nadar sur le couvercle d'un pupitre vacant. L'article d'Alphonse Karr, encadré de rouge, fut placé sur ce pupître ; le monsieur arriva, et il n'eut pas grand'peine à se reconnaitre dans le portrait que le maître avait tracé ; il prit la porte et court encore.

Ladoucette, — dont le père a rempli les fonctions de député et de préfet, est agronome et membre du sénat. Il est sorti de l'Ecole de Saumur pour devenir officier, et pourtant il a fait son droit. Auditeur, puis maître des requêtes au conseil d'Etat, il a obtenu les suffrages du département de la Moselle, comme représentant du peuple. Son frère, Eugène, est député du département des Ardennes.

Haussmann. — Le baron Georges-Eugène Haussmann, sénateur, préfet de la Seine, fils d'un intendant militaire, petit-fils d'un conventionnel, a été élève de Bourbon et de Henri IV. Bien que clerc de notaire, il s'est fait recevoir docteur en droit avant de passer sous-préfet.

Morny. — La comtesse de Souza , auteur d'*Adèle de Sénanges* et d'autres romans, a présidé maternellement à l'éducation du comte Auguste de Morny, fils de son premier mari,

le comte de Flahaut. Élève de la pension
Muron, ce jeune homme a suivi tous les cours
du collége Bourbon. Membre de la Chambre,
il y a baptisé tout un parti de cette mémorable
dénomination, les *Satisfaits*. La révolution
de 48 l'a fait siéger du côté des plus mécon-
tents à l'Assemblée, et bientôt le grand comité
électoral de la rue de Poitiers n'a pas eu de
membre plus actif. Comme nouveau ministre
de l'Intérieur, il a contresigné les actes prési-
dentiels du 2 décembre 1851 , et s'est dégagé
lui-même de son mandat de représentant du
peuple en y gagnant une popularité consa-
crée par de nouveaux votes. Le courage n'a
jamais manqué à l'homme d'Etat maintenant président du Corps législatif. Aussi bien
tout lui réussit depuis le coup d'Etat : direction régulière et calme des délibéra-
tions au Corps législatif, ambassade extraor-
dinaire, mariage, combinaisons financiè-
res, grandes affaires d'industrie, haute influence sur celles de l'Opéra, engagements
simultanés de chevaux et de paris sur le
turf. Le comte de Morny est membre de la
commission de patronage instituée près du
Lycée.

BERTHIER, — prince de Wagram, fils unique
de l'illustre maréchal, vit le jour en 1810,
entra à la Chambre des pairs à l'âge de 26 ans,

puis au sénat lors du rétablissement de ce
corps de l'Etat.

CHARLES DE BOIGNE, — que les femmes de
théâtre, les usuriers, les tailleurs et les marchands de chevaux aidèrent si volontiers à
voir la fin d'un riche patrimoine, finit par
s'enrôler dans le régiment des spahis de la littérature, comme rédacteur d'un courrier de
Paris. Son oncle avait rompu avec la tradition
des oncles de comédie, en le deshéritant des
espérances qu'il offrait déjà à l'escompte. L'i-
magination impatiente de Charles de Boigne
se rabattit sur les combinaisons encore moins
trompeuses du roman, et il ne fut plus indiscret qu'à l'endroit des bruits de coulisses, en
offrant au public les piquantes révélations des
Petits mémoires de l'Opéra. D'autres souvenirs plus personnels et moins exclusivement
consacrés à un seul théâtre, eussent pu être
donnés en pâture à la curiosité des gandins
de 1856; mais le lion de la chronique parisienne avait donné son nom à une Anglaise.

L'ORCHESTRE DE LA CHAMBRE DES DÉPUTÉS. —
On a déjà pu voir et on verra encore que
bon nombre de députés, avant de siéger au
palais Bourbon, se sont assis sur les gradins
de bois du Lycée. Quatre membres de la
Chambre entre autres, sous le règne de Louis-

Philippe, se souvenaient parfaitement d'avoir
été un an dans la même classe et dans la
même division. Nous regrettons de ne pas savoir si l'ancien professeur dont ces quatre députés avaient reçu les leçons en commun,
était M. Mauger, maître de philosophie ;
M. Romby, maître de mathématiques ; M. Gaillard, en rhétorique ; M. Lainé, en seconde ;
M. Layé, en troisième ; M. Noël Chambry,
frère du proviseur, ou M. Ouisillo, ancien
élève du Collége, ou M. Laroza, en cinquième,
ou enfin M. Magnien, en sixième. Toujours
est-il que l'un des professeurs que nous venons de citer avait une affection toute particulière pour un mot de la langue française,
qui en soi n'avait rien de drôle, mais qui revenait si souvent dans les allocutions du maître que les élèves finissaient par en rire. —
Monsieur un tel, vos dehors en classe ne sont
pas convenables. — Les dehors trompent toujours l'esprit superficiel. — Quand j'ai besoin
de toute votre attention, je m'aperçois que
votre esprit est dehors. — Votre copie a été
brochée, et votre leçon n'est pas sue : qu'a-
vez-vous pu faire dehors ? — Vous murmurez ?
un tel ; allez dehors.

On avait commencé par se toucher le coude
et par sourire chaque fois que le mot était
articulé ; puis on en avait fait des gorges-chau-

des, et le maître, sans comprendre qu'il donnait lui-même le signal de l'hilarité générale,
avait sévi contre les plus rieurs , qui se te-
naient encore les côtes quand il les envoyait
dehors. Ces mesures de rigueur empêchaient
l'explosion bruyante de se reproduire; mais
on riait sous cape, on se mouchait, on tous-
sait, on crachait, pour saluer la réapparition
des deux syllabes inévitables. Quatre élèves
placés sur le dernier gradin, le plus éloigné
de la chaire, mimaient en sourdine une fan-
fare quand le cas se représentait : l'un prenait pour violon un livre et une plume pour
archet, l'autre avait l'air de scier de la contre-
basse, un troisième faisait mine de jouer des
cymbales, et le dernier avait pris le trom-
bonne : chacun avait son instrument et s'était
engagé, sous la foi du serment, à faire sa partie dans le quatuor pour rire, aussi longtemps
que les trois autres concertants. Cette singe-
rie, qui se renouvela jusqu'à la fin de l'année
scolaire, dégénéra tellement en habitude pour
les quatre musiciens, que leur famille respec-
tive, le dimanche , les surprenait séparément
dans l'exercice de leur pantomime quand par
hazard on prononçait le mot.

Tous quatre ils assistaient plus tard à la
séance d'ouverture d'une session parlementaire. Le roi, selon l'usage , avait pris la pa-

role , et le discours de la Couronne contenait par malheur cette phrase :

« L'ordre et la liberté à l'intérieur augmentent l'influence au dehors... »

Tout à coup on chuchote dans les tribunes publiques, et plus d'un journaliste ose rire. S. M. regarde à droite et à gauche , et elle voit les quatre nouveaux élus qui lui donnent, au mépris de toutes les convenances, une sérénade ironique. Le trombone se trouvait placé au centre gauche , et il y allait d'un cœur! Heureusement l'air était court. L'attention prêtée aux paroles royales, qui avaient réussi à prendre le dessus, faisait perdre l'incident de vue. Mais le chef de l'Etat, avant de quitter le Palais-Bourbon, s'informa avec soin du nom des symphonistes ; et l'un de ces noms mal notés fut éliminé, le premier, d'une combinaison ministérielle présentée dans la suite au roi. ·

LA VOIE LACTÉE, — qui forme une grappe d'étoiles, demeure invisible en plein jour; mais les plus beaux soirs la dévoilent, cette illumination lointaine! Trop lointaine, par exemple, pour que la grande ville se contente des constellations qui se groupent au firmament! Que Paris serait sombre si la rampe des théâtres se réglait sur la voie lactée, qui ne s'allume pas tous les soirs!

Les auteurs dramatiques vont souvent deux
à deux, et il en est sorti en si grand nombre
du collége qui nous occupe que l'isolement
changerait leurs habitudes. Néanmoins, le
vaudeville, la comédie, le drame ont trop de
comptes à régler avec nos souvenirs, pour que
nous en venions à bout sans nous y reprendre
à plusieurs fois. Les vaudevillistes, quand ils
ont de l'esprit, sont les plus heureuses gens
du monde; ils ne comptent plus leurs ouvrages, on les leur joue pendant qu'ils les composent, on en rend compte avant que la toile
ne baisse; ils mettent leurs couplets en prose,
si le public est rebattu de couplets, et le trait
ne leur fait pas faute. Les dramaturges, il est
vrai, frappent souvent de plus grands coups
que les auteurs de comédies à ariettes ou sans
ariettes; mais le ciel dramatique est vaste,
rempli d'étoiles plus ou moins brillantes, et
nous reconnaissons une autre voie lactée dans
le groupe que nous allons en détacher.

Fils d'un musicien connu et bibliothécaire du Conservatoire, Ferdinand Langlé se destinait à la médecine en sortant du Lycée : le docteur Sue, son oncle,
l'attacha sous ses ordres aux gardes-du-corps, comme
sous-aide major. Mais la vocation littéraire s'empara
de l'élève-chirurgien dans la maison du roi. Langlé,
cousin d'Eugène Sue, a publié les *Contes du Gay-
Sçavoir*, l'***Historial du Jongleur***; il a collaboré a des
journaux, et il a fait représenter plus de cent cinquante

pièces, notamment le *Folliculaire*, le *Camarade de Lit*, le *Bas-Bleu*, la *Jacquerie*, le *Sourd* du Théâtre-Lyrique. La société des auteurs dramatiques l'a souvent nommé membre et trésorier de sa commission. Mais son premier état, la médecine, lui donnait aussi quelques titres à devenir administrateur des pompes funèbres de la ville de Paris, puis des pompes funèbres générales de France. Les trois fils de Ferdinand Langlé ont aussi fait leurs études au Collége ; l'un d'eux, Aylic Langlé, a donné en 1854 au Théâtre-Français *Murillo*, comédie en vers.

Simon Terreneuve, au Gymnase, et d'autres ouvrages dramatiques ont été signés par *Colombe*, pseudonime adopté par Pernot, ancien élève du Collége, qui a porté aussi à la cour du roi de Prusse le titre de baron Colombet.

Le principal ouvrage de Fontmichel est le *Chevalier de Calonne*, opéra-comique.

Vaulout, dit *Revel*, fils d'un tailleur, est mort à 20 ans, après avoir fait jouer en deux années 10 pièces, dont 9 sans collaborateur : l'autre, composée en société avec Scribe, était le *Spleen*. Revel fabriquait un vaudeville beaucoup plus vite que son père un habit ; il ne lui fallait que 24 heures pour exécuter la commande d'un acte avec autant de couplets que d'heures.

Feu Eugène de Laboullaye, journaliste, n'a rien fait de mieux pour la scène que les *Quatre Sergents de la Rochelle*.

Autre auteur dramatique : Berçuau.

Mallian, mort en 1851, avait obtenu de grands succès avec des vaudevilles et des drames. Il était de tous les écots, et il ne craignait pas le subrécot ; mais il avait mieux porté le champagne que le vin bleu, qu'il

buvait vers la fin dans tous les verres. Un de ses derniers ouvrages, *Marie-Jeanne*, était joué par Mme Dor-
val à la Porte-Saint-Martin.

Adolphe Ribing, comte de Leuven, auteur d'un grand
nombre de vaudevilles et d'opéras-comiques fort agréables, est le fils d'un des trois Suédois qui conspirèrent
la mort de Gustave III. Rappelons que ces trois con-
jurés ayant tiré au sort, Anckarstroem fut chargé du
rôle principal, et qu'il déchargea à bout portant un
pistolet sur Gustave III, au milieu d'un bal, dans la
nuit du 15 au 16 mars 1792. Ce roi, qui avait protégé
et lui-même cultivé les lettres, laissait des comédies,
qui ont été traduites en français. Robespierre s'est op-
posé à la représentation d'une tragédie dont le sujet
a été repris, sous Louis-Philippe, dans l'opéra de
Gustave III ou le Bal masqué. Le complice d'Anckarstroem, exilé de son pays, vint habiter la France où
on l'appelait Leuven tout court. Quand son fils épousa
Mlle de Planard, le proscrit fut reconnu au bal même
de la noce par un des invités de la famille de la
mariée, M. de Gossens, qui n'avait pas vu Ribing père
depuis le fameux bal. L'auteur de *Sophie Arnould* et
du *Brasseur de Preston*, a été chef dans les bureaux
de la maison du roi Louis-Philippe.

Un des camarades de Leuven, et aussi bon élève que
lui, Auguste Pittaud de Forges, entra d'abord dans
l'administration des douanes; mais ses liaisons avec des
gens d'esprit ayant fait remarquer qu'il en avait aussi,
il fonda à Bordeaux le *Kaléidoscope*, feuille littéraire,
et puis il retailla sa plume pour les petits journaux de
la capitale. Ses principaux collaborateurs au théâtre
ont été Eugène Sue, Duport et Leuven ; ses princi-
pales pièces, le *Fils de l'Homme, Vert-Vert, Sous
Clé*, les *Baigneuses, Farinelli*, le *Ramoneur*. Néan-

moins Deforges est chef du bureau des archives au ministère de la Guerre.

Pour celui qui a fait vingt romans et vingt drames,
comme Alphonse Brot, les bureaux du ministère de
l'Intérieur deviennent un lieu de rafraichissement.
L'auteur de *Priez pour elle*, d'*Ainsi soit-il*, d'*Entre
onze heures et minuit*, de *la Lescombat* et de la *Tour
de Londres* s'y livre à des travaux plus calmes, plus
réguliers, qui lui rappellent ceux du Collége.

Passons à Pierre-Michel Martin, dit *Lubize*, natif
de Bayonne, et employé d'abord chez Jacques Laffitte.
La *Cinquantaine*, le *Conseil de discipline*, le *Specta-
cle à la cour*, le *Muet de Saint-Malo* se remarquent
dans son répertoire.

La Guadeloupe a vu naître Pinel-Dumanoir, qui
n'est venu à Paris que sous la Restauration, pour
faire ses études. Déjà homme du monde lorsqu'il était
élève de rhétorique, il arrivait bien tenu, bien cra-
vaté, comme pour rendre une visite au père Planche.
La *Semaine des Amours*, en collaboration avec Mallian, a remarquablement inauguré une réputation con-
firmée par les *Vieux Péchés*. la *Fiole de Cagliostro*,
les *Premières armes de Richelieu*, la *Perruche*, Don
César de Bazan, *Gentil-Bernard*, *Clarisse Harlowe*,
les *Femmes terribles*, etc. Quelque temps directeur
des Variétés, Dumanoir a enlevé à ce théâtre Mlle Olivier, sa femme. Le Théâtre-Français peut envier au
Vaudeville et au Gymnase ses dernières comédies très-
bien écrites et quelquefois en vers.

Les *Enfants de troupe*, *Un Fils de famille* et d'autres succès mérités sont dus à Edmond Desnoyer de
Biéville, frère de Louis Desnoyer, directeur de la partie littéraire du *Siècle*. Dans le même journal, depuis
1856, Biéville rend compte des pièces de ses confrères,

comme s'il n'était plus de la partie. Ce double emploi n'est pas d'un bon effet, malgré l'autorité en matière dramatique d'un ancien collaborateur de Scribe et de Bayard.

Le plus grand acteur comique de notre siècle a laissé trois fils. Auguste Potier est mort peintre. Charles Potier a déjà fait une multitude de pièces dans les petits théâtres et le *Facteur*, drame de l'Ambigu; de plus, il joue la comédie aux Variétés, après avoir été le pensionnaire de quatre ou cinq autres théâtres. Enfin Henri Potier, professeur au Conservatoire, a composé la musique de *Mademoiselle de Méranges*, de *Pascarello*, etc.; sa femme a chanté à l'Opéra-Comique et à l'Opéra-National.

Le baptême d'auteur dramatique fut reçu par Eugène Labiche au théâtre du Panthéon; aujourd'hui, le Gymnase, les Variétés, le Vaudeville et le Palais-Royal se partagent à l'envi cet ingénieux esprit. N'y a-t-il pas en même temps beaucoup de gaieté et de philosophie, et autant d'allusions spirituelles que d'entrain, dans l'*Article* 960, le *Chapeau de paille d'Italie*, les *Suites d'un premier lit*, la *Sensitive*, le *Voyage de M. Périchon*, la *Poudre aux yeux*, les *Vivacités du capitaine Tic*? Tous les *tics* sont saisis avec habileté par l'observateur judicieux, qui leur fait jouer le rôle des passions, parce qu'ils sont réellement les traits particuliers de notre époque. Le mariage lui-même en est un, et l'adultère en est un autre pour beaucoup de gens. Ils en rient quand Labiche les force à se reconnaître, et cet auteur laisse en effet à toutes les folies le ton sérieux qu'elles affectent dans notre société. Quand tu ne mets plus en scène, mon cher Labiche, des Parisiens, des Français de notre époque, réussis-tu? Beaucoup moins, convenons-en. Aussi bien tu as renoncé depuis longtemps aux costumes historiques dont tu as affublé jusqu'à Grassot dans *M. de Coislin*. Ta corvette file plus de nœuds à l'heure en embarquant moins de traditions. Est-ce à dire que tu aies à craindre les naufrages? Je te sais bon pilote, je t'ai vu bon nageur. Un jour, il m'en souvient, nous étions quatre à faire l'école buissonnière; nous avions loué à Auteuil un bateau, que la Seine entraîna, malgré la résistance d'un rameur passablement inexpérimenté, lequel te rappelle aujourd'hui, comme circonstance atténuante, qu'il était le plus jeune de la bande. Tu nageais et ma barque s'en allait à vau-l'eau, lorsqu'un de nos camarades, qui te suivait de loin, cria : Au secours! Tu le rejoignis, et il eut l'imprudence de paralyser tes mouvements, en s'accrochant à toi avec les ongles; tu parvins toutefois à le sauver. Paulin, à qui tu as rendu ce grand service, est maintenant capitaine en retraite.

On assure que Guénée, fils d'un chef d'orchestre du théâtre du Palais-Royal, touchait déjà des droits d'auteur sur le boulevard du Temple avant de quitter le Collége. L'*Orphelin du parvis Notre-Dame* et les *Pages de Louis XV* sont le dessus de son panier.

Le chef-d'œuvre de Capendu, jusqu'à présent, ce sont les *Faux Bonshommes*.

Celui d'Alexandre Dumas fils est, à notre avis, le *Demi-monde*. Mais la *Dame aux Camélias, Diane de Lys* et les autres fleurons de la même couronne sont également d'un prix exceptionnel. L'exception ne domine pas moins dans les caractères qu'il dépeint, et c'est le côté vulnérable de son œuvre. Mais comme l'invraisemblable devient possible lorsqu'il attache, lorsqu'il passionne! Quel auteur plus en vue que cet héritier d'un nom si populaire? Ses premières représentations font événement dans la grande ville. Alexandre Dumas fils a commencé par faire monter au Théâtre-Historique une pièce lyrique, dont les principaux personnages étaient Chactas et Atala, et il avait la rime encore plus facile lorsqu'il était en pension. Il a écrit des vers sur la mort d'un jeune camarade, le fils de Dumanoir. Chaque fois qu'on présentait alors à Alexandre Dumas père un album, en le priant d'y mettre quelque chose, il répondait : — J'en parlerai jeudi à mon *bonhomme*, qui tourne mieux les vers que moi.

L'Odéon a donné plusieurs grands ouvrages d'Amédée Rolland, qui commence par des coups de maître

Montjoie est peintre et vaudevilliste.

Plusieurs théâtres ont monté et montent des actes dont l'auteur est Jules Adeniz de Colombeau.

Feu Supersac, secrétaire de la direction de l'Odéon, avait fait représenter deux ou trois actes et butiné pour le *Corsaire*. C'était alors un fanfaron de vice, un lion de contrebande, un faux mauvais sujet; tous ses amis voulaient l'en corriger. Nous disions donc de Supersac : Il est content qu'un beau cheval l'éclabousse, parce qu'en s'essuyant avec un mouchoir blanc, comme tout le monde n'en a pas, il salue le cheval du nom de Fortunio, de Valeria, de Kossuth, ou de Gimblette, en *sportman* qui connaît son *turf*, et il en fait autant quand passe une jolie femme, la vît-il pour la première fois; mais, au fond, il est sage comme une demoiselle... qui n'aurait jamais connu que lui.

Enfin les deux Théâtres-Français, les Variétés et d'autres théâtres encore ont représenté maints ouvrages de Gaston de Montheau, né en janvier 1828, fort dans ses classes non moins que Supersac, et puis rem-

plaçant au Lycée pendant la première année de la république.

EDOUARD LEMOINE, — administrateur du
Gymnase, dont son frère est le directeur,
a commencé par donner des répétitions, une
fois ses classes terminées. Fondateur du *Drapeau tricolore*, feuille de Chalon-sur-Saône,
et rédacteur de la *Constitution de* 1830, il a
écrit également dans le *Siècle*, la *Patrie* et
l'*Ordre*. Nous connaissons encore d'Edouard
Lemoine un certain nombre d'articles dans
le *Dictionnaire de la Conversation*, un vaudeville intitulé *Norbert*, fait en collaboration
avec son frère, deux brochures publiées après
le 24 Février avec le titre : *Visite à Louis-
Philippe*, et un joli recueil de nouvelles.

DE FALLOUX. — Frédéric-Alfred-Pierre
Du Coudray de Falloux naquit au bourg
d'Yré le 11 mai 1811. Son grand père avait
été anobli par l'échevinage; son père fonda
un majorat sous la Restauration, et son frère
aîné devint protonotaire à Rome.

L'orateur le plus distingué au congrès de
Tours, en 1844, était déjà le vicomte de Falloux, qui fut nommé député deux ans après
et représentant du peuple en 1848. La journée du 15 mai le vit accompagner Lamartine à l'Hôtel de Ville. Le 23 juin de la même
année, il élevait énergiquement la voix, à

15

l'Assemblée, pour déclarer les fondateurs des ateliers nationaux responsables de toutes les conséquences de cette institution révolutionnaire. En demandant compte un peu plus tard des missions électorales données à des représentants du peuple par le chef provisoire de l'Etat, candidat à la présidence, ne regardait-il pas cet abus d'influence, cette pression officielle, comme une violation flagrante de l'esprit de la constitution qui venait d'être promulguée? Quand le talent de la parole révèle à chaque instant un grand courage, l'amour du bien, l'esprit d'indépendance et de progrès dans ce qu'il a de compatible avec les principes éternels de l'ordre social et de la religion, on parle d'or.

Nommé une ou deux fois ministre depuis l'élection présidentielle, Falloux n'est demeuré que peu de temps au pouvoir, trop peu du moins pour la majorité des électeurs qui ont voté comme lui dans les circonstances les plus solennelles.

Ce n'est pourtant pas le ministre que l'Académie a fait asseoir dans le fauteuil du comte Molé; c'est l'ancien orateur parlementaire, c'est l'auteur de l'*Histoire de Pie V*, de la *Vie de Louis XVI* et des *Entretiens de Louis XVI*, rédacteur de l'*Ere Nouvelle* et du *Correspondant*, qui vient encore de publier les *Lettres de Mme de Swetchine*.

Falloux a épousé Mlle de Caradeuc de la Chalotais et a fait plusieurs voyages en Italie. Il est allé à Nice pour sa santé, un peu avant le coup d'Etat, et il a été reçu à Venise par le comte de Chambord.

BENJAMIN DELESSERT, — fils de M. François Delessert, de l'Institut, neveu de M. Gabriel Delessert, ancien préfet de police, père enfin d'un littérateur archéologue, fut représentant du peuple. Il avait suivi les cours de la rue Caumartin, ainsi que plusieurs autres membres de sa famille, et les deux frères Albert et Sigismond de Nadaillac. Le comte de Nadaillac, ayant sauvé la vie en 1851 à Mme de Vallon, née Delessert, qu'une partie de plaisir avait pensé noyer, a épousé Mme de Vallon.

CASIMIR PÉRIER. — Son père montrait à cet élève de Bourbon comment un député indépendant peut devenir un grand ministre. Casimir Périer fils entra dans la diplomatie; puis il fût élu député à Paris, et ensuite représentant dans le département de l'Aube. Mais, lui qui s'était tant promis de consacrer sa vie entière aux affaires publiques, aurait-il pour jamais changé d'avis depuis la dissolution de l'Assemblée? C'est depuis lors qu'il a le temps de chasser, et que la Saint-Hubert est une grande fête pour son joli château de Pont-sur-Seine!

E. Duclerc, — né en 1812 à Bagnères-de-Bigorre, n'a été que deux ans à Bourbon. Correcteur d'imprimerie, rédacteur ensuite du *Bon Sens*, de la *Revue du Progrès*, du *National*, il a dîné souvent avec les rédacteurs de cette dernière feuille chez le restaurateur nommé Lhomme, rue Cadet. Leurs pique-niques n'avaient rien de fastueux; néanmoins pour y faire honneur, il fallait un tempéra-ment que Duclerc enviait à ses commensaux et même à Louis Blanc, son ami intime. La proclamation de la République fit le journa-liste adjoint au maire de Paris, puis ministre des Finances, puis constituant. Une des qualités qui lui avaient manqué pour con-server son portefeuille, c'était l'habitude des emprunts, science qui ne s'improvise pas comme une révolution. Heureusement Du-clerc avait eu le bon esprit de ne pas donner congé d'une chambre modeste dans la rue Lepelletier, son domicile de la veille.

Edgar Ney — et ses frères ont obtenu de nombreuses nominations au Collége. La mort du prince de la Moskowa, musicien très-dis-tingué qui avait épousé la fille de Laffite, a fait passer son titre sur la tête du quatrième

fils du maréchal, le général Edgar Ney, sénateur, aide-de-camp et premier veneur de
l'empereur. Celui-ci était déjà officier d'ordonnance du prince-président et envoyé en
mission près de Pie IX, lorsque la fameuse
lettre que lui adressait le chef de l'Etat, le 18
avril 1849, amena de si vives discussions à
l'Assemblée sur le pouvoir temporel du pape.
Tous les représentants du peuple qui s'é-
taient montrés quelques mois auparavant
hostiles à l'élection du prince-président, de-
mandaient déjà le rappel de l'armée française
envoyée dans les Etats-Romains et la suppression du pouvoir temporel.

HAURÉAU, — en tant que journaliste, contribua à la rédaction de la *Tribune* et du *National*, avant de rédiger en chef le *Courrier
de la Sarthe*. Destitué en 1845 de la place de
bibliothécaire au Mans, il rentra au *National*. Il fut élu membre de la Constituante. La
révolution de Février l'avait déjà fait conservateur des manuscrits à la Bibliothèque nationale : position conservée par lui pendant
quatre ou cinq ans. Mais à côté du démocrate
il y a dans Hauréau un historien, un philosophe, un érudit. Le souvenir de ses *Lettres
de la Montagne*, apologie de Robespierre, n'a
pas fait assez peur aux membres de l'Institut
pour empêcher l'académie des Sciences mo-

rales et politiques de décerner, pendant la république, son prix annuel de 1,500 fr. à
l'*Examen critique de la philosophie scolasti-
que*, sorti de la même plume. Celle-ci s'est
trempée dans l'ancienne écritoire des bénédic-
tins, pour s'humaniser tout-à-fait, et elle
a entrepris une tâche gigantesque, la suite
de *Gallia Christiana*, et voici plusieurs fois
que l'académie des Inscriptions et belles-lettres consacre l'utilité de ce travail complé-
mentaire en y appliquant le prix Gobert, dont
la valeur est de 10,000 fr. Hauréau a donné
aussi la traduction de la *Pharsale* dans les
classiques Nisard, et l'*Histoire litttéraire du
Maine.*

AMÉDÉE JACQUES. — Des idées trop purement démocratiques ont privé le corps enseignant du concours d'un homme de talent,
auteur de la *Liberté de penser :* cette publication par fascicules, fondée en 1847, a attiré
avant le coup d'Etat, sur sa tête, l'excommu-
nication universitaire. Le même philosophe a
donné un travail sur le magnétisme dans la
Revue Nouvelle, et un *Mémoire du sens commun;* il a publié avec MM. Jules Simon et Emile
Saisset, un *Manuel de philosophie,* en 1847,
et tout seul, dix ans après : *Excursion au Rio-
Salado et au Chaco,* etc. Fils d'un peintre estimé, Amédée Jacques est le beau-frère de

Gide. Un prix d'honneur lui a été décerné par le Collége, qu'il a quitté pour entrer à l'École normale ; il a ensuite professé la philosophie à Amiens, à Douay, au collége Bourbon à deux reprises, à Versailles et à Louis-le-Grand, outre qu'il a été trois ans maître de conférences à l'Ecole. Son discours à Bourbon, en 1839, traitait des inégalités instituées et par la nature et par l'état social entre les hommes. Nous y relisons :

« En vain essaierait-on de réduire cette multiplicité vraie à l'unité d'une moyenne imaginairé qui ne serait jamais qu'une abstraction sans modèle... Le monde est bien fait, et il n'est ni de notre droit ni en notre pouvoir de le refaire. »

John Lemoinne — fut aussi un bon élève, envoyé au collége Bourbon par un maître de pension de la rue Pigalle ; seulement il fit une partie de ses classes à Stanislas. Bien que né à Londres, il était le fils d'un Français, avocat à Paris et puis dans les départements. Le *Journal des Débats* sert principalement de tribune à cette plume éloquente de John Lemoinne, qui traite encore toutes les questions de la politique étrangère au point de vue et dans les intérêts du régime constitutionnel que la France a perdu au 24 Février. La netteté et l'élégance du style placent depuis longtemps au premier rang, dans la presse, le journaliste diplomate qui s'est formé effectivement au ministère des Affaires étrangères.

Eemond Texier, — que John Lemoinne a pu connaître à Bourbon et à Stanislas, y a montré pour les couronnes beaucoup plus d'indifférence : n'était-ce pas afficher déjà des sentiments républicains? A toutes ses copies d'autrefois sa copie d'à présent n'a rien à envier : elle fête le dimanche dans les colonnes du *Siècle*, comme courrier hebdomadaire, et l'*Illustration*, ce bas-relief de la presse contemporaine, a pour rédacteur en chef Edmond Texier. Sa *Biographie des journalistes*, ses *Lettres sur l'Angleterre* et sa *Physiologie du poëte* ne valent pas son *Tableau de Paris*. Le grand Texier est né à Rambouillet; ses comptes-rendus de la dernière campagne d'Italie, rédigés sur les lieux, lui ont valu la croix d'honneur.

Bénédict-Loys Lherminier — a contribué, avec le susnommé, à la rédaction du *Portefeuille*, puis il a écrit dans le *Pays*. Ce spirituel bohême a fait des charges sans nombre à son homonyme du Collége de France, rien qu'en lui adressant ses créanciers et ses maîtresses, dont les habitudes du professeur n'avaient que faire. Loys est aussi bon nageur qu'Alphonse Karr, Labiche et Nadaillac. On s'aperçoit, de plus, à l'école de natation, qu'il a le corps presque aussi velu qu'un ours. Il se le fait raser de temps à autre ; mais, comme il coupe, en pareil cas, les draps de son lit, force lui est de remettre au mois suivant les bonnes fortunes en retard.

De Heeckeren. — Son père, le baron d'Anthès, était surnommé à la Chambre des députés, sous la Restauration, *le généralissime de la clôture*, tant il aimait à clore les discussions et à faire lever la séance. Georges, né en 1813 et en Alsace, était bien en pension un élève d'exception : il revenait parfois le dimanche soir avec un billet de banque pour ses menus plaisirs, et il n'y avait pas alors de coupures au-dessous de 500 francs. Elève de Saint-Cyr, il quitta cette école aux journées de Juillet, parce qu'il renonçait à suivre la carrière militaire en France. Sous les auspices de son oncle, le prince de Hatzfeld, il prit du service en Russie, sans perdre toutefois sa qualité de Français. Sous-lieutenant d'abord dans les chasseurs de l'impératrice, puis capitaine dans les chevaliers-gardes, il dut tous les succès possibles à une prestance militaire sans égale, à une jeunesse cavalière, à un tempérament capable de soutenir tous les défis de l'esprit d'aventure. M. de Heeckeren, ambassadeur de Hollande, adopta Georges d'Anthès, qui alors ajouta le nom de son second père au sien. L'officier ne faisait pas face qu'aux bonnes fortunes ; il était brave comme l'épée. Or le poëte Pouschkin, se prétendant plus libéral que lui, se trompait peut-être sur ce point ; mais sur un autre point on lui en évitait la peine et même le doute, car on le trompait à coup sûr. Le capitaine en a rendu raison à Pouschkin ; mais il a eu, de plus, à laver une insulte que le poëte avait faite à l'ambassadeur de Hollande : double affaire d'honneur, dans laquelle l'officier a reçu une blessure au bras, mais qui a coûté la vie à son adversaire ! Ni l'empereur ni la loi ne pardonnaient en pareil cas ; Georges a donc dû renoncer pour la seconde fois à un avenir militaire tout dessiné ; il est revenu en Alsace. Conseiller général du Haut-Rhin, au début, il s'est porté après candidat à Colmar pour la députation, contre un procureur général ; il n'a reçu le mandat parlementaire que deux années plus tard, en 48. Le 15 mai, un huissier de l'Assemblée était aux prises avec six hommes qui allaient l'étrangler ; ce que voyant, Heeckeren a quitté sa stalle, et il a fait de son poing, rien qu'en le fermant, une telle arme, que les six hommes n'ont pas demandé leur reste. Ce représentant, que les Assemblées constituante et législative ont nommé secrétaire, servait d'intermédiaire dans les négociations entamées peu de semaines avant le coup d'Etat entre l'Elysée et un tiers-parti, qu'on appelait aussi le parti-Thiers. Le baron de Heeckeren est sénateur de la création.

Morel-Fatio. — Sa famille est originaire de l'Helvétie. Son père, négociant à Rouen, puis à Paris, le mit d'abord au collége Louis-le-Grand; mais il en fut renvoyé sans rançon, en 1824, à la suite d'une conspiration qu'on peut appeler dans l'histoire de l'Université *le complot des bouts de chandelle*. A un signal donné, et donné par Morel-Fatio, chaque élève de sa classe éteignait vite la chandelle fichée sur son pupître; les autres classes imitaient une à une celle qui se plongeait d'abord dans les ténèbres : cette extinction des feux devenue générale favorisait bientôt un vacarme non moins général, et les maîtres n'avaient plus qu'à se boucher les oreilles à tâtons. Arrivé à Bourbon, Morel-Fatio passa à d'autres exercices du même genre, auxquels nulle récompense n'était encore affectée : c'est pourquoi il n'eut aucun prix. En 1827, il partit pilotin à bord d'un bâtiment marchand anglais, pour apprendre la navigation. Au retour, on le jugea suffisamment apte au commerce, et il entra d'abord chez son père, dont les livres en partie double s'illustrèrent avant peu de culs-de-lampe, quelquefois faits sans lampe; ensuite on le plaça dans la maison de banque de Jean-Charles Davillier. Puis il renonça au commerce. En Afrique, où il se rendit, il dessina et il peignit; il en revint avec deux vues d'Afrique, qu'il exposa et qui eurent du succès au salon de 1833. Depuis lors, que de toiles signées Morel-Fatio ! En 42, il s'inspira admirablement d'un haut-fait : *Le commandant Marnier avec un slopp français enlevant à l'abordage un brick anglais.* Il fut choisi par Horace Vernet pour exécuter, sous ses yeux, le *Bombardement de Saint-Jean-d'Ulloa.* N'alla-t-il pas aussi avec le prince de Joinville jusqu'en Orient? Toutefois les voyages n'empêchèrent pas Morel d'épouser la fille du général Duchastel ; après celui d'époux vint pour lui le titre de père. Il fournissait un large contingent à la galerie de marine de Versailles, et il publiait de beaux livres illustrés, entre autres *La Marine,* avec un des frères Pacini, et plusieurs grands recueils d'*Études maritimes.* Aujourd'hui ce Léon Morel-Fatio, qui a si bien marché, est le conservateur du Musée de marine et du Musée ethnographique, qu'il a créés au Louvre, et maire du XXe arrondissement. Son frère fut au même collége.

Pigeory, — architecte, ancien rédacteur en chef de la *Revue des Beaux-Arts,* a écrit des livres sur son art : *Histoire de la ville de Saint-Florentin et de sa cathédrale*, et les *Monuments de Paris au dix-neuvième siècle*, où le collége Bourbon n'est pas oublié.

Roussel, — élu représentant du peuple par le département de l'Yonne, figurait au nombre des partisans du général Cavaignac ; il avait été officier antérieurement, et lauréat du Collége en 1824.

Lespérut, — fils d'un général, n'a quitté la pension Labbé qu'en 1830. Le département de la Haute-Marne l'a envoyé à l'Assemblée, puis au Corps législatif.

Rouaix et Testelin — ont voté, comme républicains, à l'Assemblée. Le premier, avocat à Saint-Girons, avait pris possession de la sous-préfecture, dans cette ville, à la première nouvelle des événements de Février. Le second, docteur-médecin, avait organisé le banquet réformiste de Lille.

Mortier, — duc de Trévise, né en 1814, fut chevalier d'honneur de la duchesse d'Orléans et pair de France en 1845. Il fait partie du sénat depuis 1853.

Arrighi, — duc de Padoue, sénateur, membre du comité de haut patronage du Lycée, est né le 26 septembre 1814. Son père, général et gouverneur des Invalides, avait appartenu lui-même, comme élève, à une des

pensions du Collége, avant la création de cet
établissement. Padouc fils entra à l'Ecole polytechnique en 1833, et il donnait en 1839 sa
démission d'officier. Dix ans après préfet
de Seine-et-Oise, il fut ministre de l'Intérieur
en 1859.

ALPHONSE DE CALONNE, —parent des anciens
professeurs du même nom, a protesté par de
spirituelles brochures contre la révolution
de Février; il a écrit dans l'*Opinion publique*,
et il a fondé en 1852 la *Revue contemporaine*,
qui tient tête aujourd'hui à la *Revue des
Deux-Mondes*.

EMILE DE LABÉDOLLIÈRE, — rédacteur du
Siècle, était bien jeune en 1828, quand *Psy-
ché*, feuille romantique, a publié des vers de
sa façon. Une chanson, après 1830, l'a fait traduire en cour d'assise. C'est l'auteur des *In-
dustriels*, avec Henry Monnier, de l'*Histoire
des mœurs et de la vie privée*, de *Paris nouveau*, de l'*Histoire des environs de Paris*,
etc., traducteur de Cooper et de Dickens.

JULIEN LEMER. — fils d'un capitaine de frégate, n'a pas eu moins de succès au Collége
que Labédollière. On le destinait d'abord au
notariat. Mais il a tourné le dos aux panon-
ceaux de cuivre pour écrire des articles dans
une multitude de journaux, et des romans,
voire même des brochures politiques.

Paul Juillerat, — fils d'un ministre protestant, a publié des poésies sous divers titres, et il a fait jouer deux comédies en un acte au Théatre-Français et à l'Odéon.

De Valbezen, — qu'on regardait au Collége comme le fils d'un Talleyrand, porte le nom retourné de Mlle de Bezenval, sa mère. Attaché d'ambassade à Madrid, consul au Cap, puis consul à Damas, il a été privé de ses fonctions en 48; mais renvoyé ensuite à Damas, il s'est distingué par sa présence d'esprit et son courage dans les affaires d'Alep, et il a occupé depuis le consulat de Calcutta. Or, voulez-vous faire connaissance aussi avec le major Fridolin? Le major a signé de fort jolies nouvelles : une dans *les Débats*, c'est *La Queue du chien d'Alcibiade*, et une dans *la Revue des Deux-Mondes*, ayant pour titre *La Retraite des Dix-Mille*, etc. Ce nom frileux est un pseudonyme, un manteau couleur de muraille à l'usage des aventures littéraires. Les folies d'Espagne, les services diplomatiques et les veillées littéraires de Valbezen lui ont acquis des droits réels à son grand maigre de surnom. C'est principalement à Madrid qu'il a perdu un embonpoint précoce.

Audiganne, — attaché comme secrétaire à la haute commission de l'Exposition univer-

selle, a rendu compte de cette exposition dans
le *Moniteur*. La *Revue des Deux-Mondes* a
publié d'autres articles d'Audiganne, auteur
d'une brochure apologétique sur M. Guizot,
d'une *Histoire électorale de la France* et de
plusieurs ouvrages sur l'industrie.

LEROUX. — Le député au Corps législatif
ainsi nommé et son frère ont été élèves du
Collége. Jules Leroux, frère de Pierre Leroux, a fait partie lui-même de l'Assemblée,
comme représentant de la Creuse, et nous le
croyons également un des nôtres : des nominations sont accolées au nom de Jules Leroux
dans le livret des prix de 1826. D'autre part, Ai-
mé-Armand Leroux, avocat, est membre de l'Association amicale des anciens élèves du Lycée.

BLAVOYER, — né à Troyes le 28 janvier
1815, avocat et agriculteur, fut envoyé par
le département de l'Aube à la Constituante et
à la Législative. Il siégeait dans les rangs des
conservateurs.

PIGEON, — membre de ces Assemblées,
était aussi agriculteur ; mais il avait servi
comme officier d'artillerie en sortant de l'E-
cole polytechnique. Son frère et lui avaient
fait leurs études dans la pension Labbé.

ÉLÈVES DE LA QUATRIÈME PÉRIODE : — Sénart, notaire
et maire de Villers-Collerets ; Véron, rédacteur du
Charivari ; le Cte d'Aygues-Vives, écuyer de l'em-

pereur ; Girard, notaire à Montmorency, et son frère ;
Gilbert, homme de lettres, lauréat de l'Institut ; Lesti-
boudois ; Dr Bouland ; H. Fournillon, chef d'insti-
tion à Colombes ; Saint-Albin-Lechat, receveur particulier à Bar ; Oscar de Watteville, littérateur,
sous-chef à l'Instruction publique ; son frère, au
ministère de l'Intérieur ; Dr Achalme ; Vte d'Am-
boise, musicien compositeur, inspecteur des Enfants-
Trouvés ; Nacquart, juge ; Manceaux, conseiller d'É-
tat ; Flandin, *id.;* Bon de Chassiron, auteur d'un
Voyage en Chine, maître des requêtes, gendre
du prince Murat ; le Vte de Schramm, fils du général,
membre du conseil-général de Maine-et-Loire ; F.
Foerster, négociant ; E. Forqueray, ingénieur ; Bertre,
magistrat ; Delahaye, attaché au parquet ; de Montpe-
zat, peintre ; F. J. Cloquet, neveu du chirurgien ; Tournadre, employé supérieur aux Finances, et Tournadre, officier supérieur de cavalerie ; Timbal, peintre ;
Barrié, médecin dentiste ; un Locré, peintre, un autre
attaché à la Banque ; Poitevin, officier supérieur ;
Hacquin, magistrat ; Lantiez, notaire à Deuil ; Ros-
taing, homme de lettres ; Conte ; Violette, notaire
à Cormeilles ; Beau, notaire à Paris ; Vernet, peintre en miniature ; Pajol, officier supérieur ; Leroux,
id.; Beaume, avocat ; Bongrand, magistrat ; Ernest We-
ber, musicien ; Edmond Becquerel, professeur de physique aux Arts-et-Métiers ; Alphonse de Rothschild, régent de la Banque, et son frère Gustave ; le Mis de
Conegliano, membre du Corps législatif ; le Mis de
Caulincourt, *id.;* Amyot, éditeur ; Breton, gendre de
M. Hachette, éditeur ; Binder frères ; Susse frères, Giroux-
Lagarde, agent de change ; Prunier, Tournadre et Buis-
son, agréés ; le Cte Lehon, député ; Ad. de Belleyme, *id.;*
F. Bartholony, auditeur au conseil d'État ; Vte Des-
16

roys, *id.;* Cte de Pons-Rennepont, *id.;* Alfred Blanche, *id.;* Ed. Moreau , *id.;* Boivin , *id.;* Bon de Ravignan , *id.;* de Rivocet, *id.;* Leroy, *id.;* Tarbé des Sablons , *id.;* Edouard Winslow, armateur; Vilcoq, sous-préfet ; J. Triamon, auditeur à la Cour des comptes; Sivanne, inspecteur d'Académie ; Blot, commissaire-priseur ; Vendryès frères, l'un professeur, l'autre fondeur en cuivre; Ch. Seydoux, maire et manufacturier au Cateau; Auguste Rollet, secretaire général de la Vénerie impériale ; Rodrigues, agent de change ; Lecomte *id.;* Evrard, *id.;* Paul Robert; Amedée Revenaz; J. Renoult, auteur dramatique ; Pitois ; Prétavoine, maire de Louviers; Piard-Mitouflet, ancien avoué ; A. Pasquier, médecin militaire ; Ménage ; E. Marey, avocat ; Anatole Manne, sous-chef du cabinet du ministère des Travaux publics ; Loche, contrôleur des contributions directes, et son frère, ingénieur des ponts-et-chaussées ; Dr Lepère ; Lehecq, avocat ; Henri Léger, sous-directeur de la compagnie d'assurance la Réunion ; Lefèvre-Pontalis, lauréat de l'Institut, auditeur au conseil d'État, et son frère avocat; Langlois de Neuville, chef aux Travaux publics ; Lagout, ingénieur ; Mansion, Koemphen, avocat ; les deux Jouaust, licenciés en droit ; Hubert-Saladin, ingénieur ; Dr Blanche ; Grosjean, avocat ; T. Fleury ; A. Denis, rédacteur en chef de la *Gazette des Théâtres*; Ch. Desolme, *id. de l'Europe artiste ;* Duquesne, avocat à la Cour de cassation; E. Dupin , inspecteur de l'exploitation centrale des chemins de fer ; Dupin ; Ducloux et Beau, notaires: Marin, Lehelloco, Picard, Dromery, Bertinot, Caron et Devaux, avoués ; Jules Debray , professeur au Lycée ; Dailly, maître de poste ; P. Dauga ; Chastenet-Beaulieu ; Charié-Marsaines, inspecteur général des ponts-et-chaussées ; E. Camuset, docteur en droit ;

Dr Belliol; A. Barman, banquier; Ballot-Beaupré, avocat; Minoret, *id.;* Gourd, *id.;* Duplan. *id.;* Angar, directeur d'une compagnie d'assurances; G. de Conninck, P. E. de Maupas, A. Chartrey, A. Larigaudelle, A. Sabaté, H. de Bressenne, R. de Lignerolles, A. C. Beaudon, C. Charpentier, E. Bouillette, V. Callard, A. H. Fournier, M. E. Sauter, A. Dorcy, A. Robles, A. Busoni-Lemaire, J. Castel, V. Marquis, Sybertz, G.-E. Naquet, M.-A.-P. Charmasson de Puylaval, E. Lenoir, E. de Cerval, L.-J. Masselot, P.-H. Fissont, T. Lafont, V.-E. Levainville, G. Letemplier, J. Tuslane, E.-A. Briel, L. de La Rochelle, A. Cuvier, W. de Combrughe, A Maire, Bataille, baron Jeanson, P.-A. Senelle, G. Dillon, F.-A. Dubuisson, P.-J.-B. Chaulay, E.-G. Guibout, P.-E. Crémieux, S.-A. Pasteur d'Etreillis, A. Fombert, C. Potel, C.-E. Furet, L.-E. d'Herbecourt, B.-C. Dequeux de Beauval; A.-L. Genin, N.-M. Brouhot, F.-E. Bouchet, G. Ruff, V.-L. Jonnart, V. Bishop, Corot, Ch. de Vasconcelles, E. de Proges, Ch. Rodier, A. Massot, J.-F. Ferrier, E. de Wailly, Réaubourg, P. Delpit, A.-R.-M. Bellinger, L.-E. Soyer. T.-F. Morisset, L.-A. Lejosne, E. Durand de Vallay, J.-P. Delavergne, A. de Sulauze, A. Rendu, Raynouard, J.-C. Lardereau, E.-A. Auger, L. Leguerrier, L.-A.-P. Génissieux, E.-A. de Guinguand, L. Janet, A. Bouillant, L.-F.-A. Peyron, P.-A. Mercier, E.-J. Ducolombier, E. Donon, Roger de La Bourdonnaye, P.-J. Féart, O.-L. Chas, P.-A. Quéquet, A. Dardel, Dutens, M. Bertin, C. de Mallortie, P.-D. Poutz, Mitelette, E. Lippens, A. Cuoq, I.-A. Cantelou, J.-F. Geoffroy, G. Corre, C. Saigey, C.-P. Nicod, L. Firmaire, H. de Cabarieu, A. Dupré, A.-E. Auda, Martin, de Montlaur, A. Sosson, C. Hardouin, C de Maillard, V. Bisson, E. Ferrières. J.-E. Linarès, E. Lépine,

A. Prat, A.-S. Montalan, J.-J. Mollot, L.-F. Dulieux,
L. de Milly, A. de Marolles, de Menche, L. Deleurie,
L.-E. de Cressard, A. Bouge, E.-G. Dupont. T. Dupré,
J. Cournol, P.-C. Marius, D.-V. Pille, E. Hostier,
L. de Perthuis, L. Brossart, J. Troyer, J. Masseras,
U. Chenou, E. de Quillebœuf, L.-A. Huguenot, E.-C.-T.
de Bonneville, A.-E. Sadoc, E.-L. Hermel, J. Matter,
A. de Maussé, G.-H. Montmarqué, C.-E. de Birague,
J.-A. Bacquey, G. Pruppacher, L.-J et E. d'Hervas,
A. Rhéa de Montgomery, A.-A. de Ferranty, B. Miette,
A.-E. Rouquairol, C. d'Audiffret, L. de Corbigny, A.-L.
Valcourt, C. Mynard, L.-H. Saint-Ange, J.-B.-G. Mauzé,
X. Preys, C.-J.-A.-O. Macaire, C.-R. Gavart, Gracien,
L. Savalette, E. de Barrère, J.-B.-D. Saucier,
A.-F. Legentil, C. Sennegon, M.-A. de Sémallé,
C. de Cauville, E. Lecamus, G. Valatour, J.-A. Can-
tor, A. Fraysse, P.-Th. Ferrand, E. Ourry, A.-J. d'Es-
trées, Ruynaud de Saint-Georges, E.-C. Letellier, de
Loyac, A. Vieyra, A. Alletz, G. de Larue, C. Comte,
Miliotti, de Hissac, les deux frères Admirault, Mala,
C. Besnard, E. Thimon, F. Gauthier, Bonnet, An.
Hubert, Lebœuf, Allain-Lechartier, Suchet, Piquet,
A. Baudoux, Roche, Monod, fils d'élève; Duperron,
chef à l'enregistrement; Bourguignat, avocat aux Conseils; Dulong, fils d'un général; Trubert, référendaire à la Cour des comptes, et son frère; Robillard,
maître des requêtes; Allou, avocat, et son frère; Jam-
tel, Lehec et Lafaulotte, avocats; Jamet, chirurgien-
dentiste; Weill, huissier; les deux Tribert, l'un avocat; Doulcet, aide-de-camp du duc d'Aumale, capitaine, mort en Afrique, et son frère Jules, archiviste
au Corps législatif; Heurtaux, économe à Stanislas;
Fayolle, littérateur; d'Hauterive, auditeur; Dallema-
magne; E. de Planard, secrétaire de section au Con-

seil d'Etat; Noblet, avocat; Bon de Serdobin ; deux
de Jouy, celui-ci mort en Afrique, celui-là auteur
dramatique, ex-directeur; de Renty, trois frères,
Fréteau de Pény, référendaire ; Yvanoff, secrétaire
à l'ambassade de Russie; Cte de Marolle ; Léo-
rat ; Lepelletier, avocat ; Bouillon, sous-chef à l'Instruction publique; Cochery, avocat; Pascalis, maître
des requêtes au Conseil d'État; Paulmier, avocat ;
Bercioux, inspecteur du service des essais à la Monnaie ; Schmytz, avocat; Duchanoy, ex-inspecteur des
finances ; Raquin ; Schuler, chef à l'enregistrement ;
Legris et Petit de Gatines, avocats ; Cte Édouard Jac-
queminot de Ham ; Rochoux, médecin à l'Hospice de
la vieillesse, hommes ; Vte de Janzé ; J.-E. Perrot de
Chezelles; Delpech, médecin ; E. de Labrador, peintre, fils d'un grand d'Espagne ; Dehodencq, peintre
d'histoire, élève de M. Cogniet, blessé au bras
droit en juin 1848, auteur de *Virginie*, tableau fait
avec la main gauche ; de Jonquières, peintre ; les
Sempé; Guillaume, employé à la Poste; Lefebvre, chez
M. Rotschild; Leborgne, au ministère de la Marine ;
A. Mamony, auteur de romances ; Ferbach, professeur;
feu Arthur Smith, bibliothécaire adjoint à la Sorbonne,
auteur d'un dictionnaire chinois, chargé d'une mission
en Chine; Henry aîné, attaché au chemin de fer de
Lyon; Bouley, vétérinaire ; Poriquet, avocat ; les deux
Delapalme, fils d'un député; le Cte Duroure; Mossel-
mann ; Lemarant, fils de l'amiral ; Arrivetz, chef de
bureau aux Finances; Yvert, peintre; Davillier, fils d'é-
lève; Massieu de Clerval, avocat ; Mis de Louvencourt;
Boyenval; Barrot, avocat ; Clavaud, capitaine de vaisseau; C. Muron, fils du chef d'institution, négociant;
Ginisty, chef à la Poste; Bon de Guillerville, avocat ;
Décl: Mollot, du ministère des Finances ; Poissonnier,

chef à la Guerre ; deux frères de Corbigny ; Mouffle,
chef à la Guerre ; Cottin; Laime, avocat ; Angibout ;
Da Costa, ancien agent de change ; Baudesson de Riche-
bourg, *id.;* Cte de Cibeins, C.Cliquet, de Beauvais,Vallot
et Quétil, avocats; Cte de Beaufort; Gremeret, pharmacien; E.Cavel, entrepreneur de roulage; Cte de Chatillon;
Demours; Blanc frères; Lebéalle, professeur ; Pradines,
chef à la Poste; Fortier; Saint-Albin, qui a été inspecteur
général à l'Opéra-Comique; Girette, chef à la Marine ;
Camberlin; Brunel; d'Avril; Surat, professeur à Saint-
Louis; Laperrière ; Cogery, receveur d'enregistrement; Fastré, avocat; Bon Chopin d'Arnouville ;
Ancelet, architecte; Mis de Cheveigné, Cte d'Am-
blard de Beaumont, Cardot, huissier; Frécourt, *id.;*
Pécourt, de Saint-Charles et Maitrejean, avocats ;
Bourceret, directeur d'une Cie d'assurances; de Morel, Becker, de Lagneau et Cardeilhac, avocats ;
Bon Lecouppey, Hittorf, Lupin, Farjas, Saint-Mars,
fils d'élève; Filleul, jurisconsulte ; Champy, agent
comptable à la Marine; Cte Isoard, Roulin, bibliothécaire à l'Institut; Cannéva, chef aux Finances; Arthur de Beauplan et Montagne, littérateurs ; Bergier,
chef à la Poste; Troy, Duchaussoy, chef à la Guerre;
Saucié, docteur en droit; Pluyette, Graëb, chef aux
Finances; Bon de Gravier, Galisset, de Driesen,
des Essarts et Dutilleul, avocats; Hollard, docteur
ès-sciences; Pitoin, entrepreneur de roulage; Tillot,
propriétaire; Cte de Bouillé, Protais, secrétaire général du chemin de fer de Bordeaux à la Teste;
Bon d'Hennin, A. Feillet, professeur; Charles, avocat; Bon Devé, Goblin, professeur au Conservatoire;
Mis de Pinot, Helleu, élève brillant, puis professeur à
Stanislas, maintenant à Bonaparte; les deux Caillet,
professeurs; Guiraudet, professeur; Hérold, Van

Robais, dont les ancêtres ont fondé à Abbeville la
manufacture de draps ; les deux Passy, Dreyss, Vas-
seur, Neff, Delacoulonche et Thouvenin, professeurs ;
Morel, architecte du Sultan ; Mello, colonel dans la
République argentine ; de l'Espée, Guibert et Regnault,
ingénieurs des ponts-et-chaussées ; le prince Czarto-
riski ; les deux de Witt, fils d'élève et littérateurs,
gendres de M. Guizot ; de Los Vallès, fils d'élève ;
Ritt, Poisson et Saint-Charles, avocats ; Audenet, banquier ; de Rhône, journaliste ; d'Argenton, musicien
compositeur, et son frère, officier supérieur ; Sébault,
Barré de Lancy, jurisconsulte ; de Lucy, peintre connu
sous le nom de Luc Fossari, qui rappelle celui de sa mère,
Mlle de Fossarieu ; les Ruggieri, Masimbert, professeur à Chartres, à Lisieux, à Dijon, à Rollin, à Saint-
Louis, à Charlemagne et enfin à Bourbon, annotateur
d'Esope et de Xénophon ; Devillers, Edmond Smyth ,
Duclos ; Detrez, médecin, auteur d'un mémoire sur la
goutte et sur la gravelle ; Pouillet, fils de la canta-
trice ; de Sainte-Croix, Rogeron, ex-banquier ; Sau-
rin, marchand de chevaux à Angers ; Doussot, professeur de rhétorique à l'île Bourbon ; de Chatillon ;
François-Victor Hugo ou Charles Hugo, l'un et l'autre
littérateurs et fils de l'illustre poëte ; les Solicofre,
fils d'élève ; Régnauld, architecte ; Clémencet, professeur de rhétorique ; Guibert et Huet, des ponts-et-
chaussées ; Dufay, négociant, petit-fils du *Petit
Manteau-Bleu ;* les deux Carrière, officiers en Autri-
che, fils du duc de Berry et de Mlle Virginie, maintenant Mme Touchard ; Poirré frères ; de Monbrian ; Al.
de Valdemare, traducteur de Botta ; Dr Duvivier.

Tirlet. — Le baron Tirlet, fils d'un général, candidat du parti modéré dans le dépar-

tement de la Marne, y réunit 48,182 suffrages qui le firent entrer à l'Assemblée.

Victor Lasserre, — dit *Victor Escousse*, auteur de *Farruck le Maure*, drame en vers, se tua tout jeune, en 1832, avec Lebas, son collaborateur. Il avait été élève de Bourbon jusqu'en cinquième inclusivement, et dès lors il avait composé une tragédie intitulée : *Alexandre*. M. Lemaire, professeur de rhétorique, faisait allusion dans son discours en 1833, au suicide des deux jeunes gens qui n'avaient pas su attendre la gloire ·

« A 12 ans, disait-il, on repousse l'amitié doctorale; enfin on s'impatiente de n'être pas un grand homme à l'âge où le plus grand homme des temps modernes vivait encore inconnu dans une école. »

Philibert Audebrand — a écrit dans des feuilles de toutes dimensions; mais il est principalement journaliste du petit format.

Prévost-d'Aveze. — De 1830 à 1838, les premières représentations des pièces de Victor Hugo et d'Alexandre Dumas avaient toujours lieu le jeudi ; un service de billets de faveur était fait aux élèves du collége Bourbon, lesquels étaient représentés près de l'auteur d'*Antony* et d'*Angèle* par notre camarade Prévost, qui avait commencé ses études au séminaire et qui les continuait avec succès à l'Université.

Il entra, ses classes terminées, au ministère des Travaux publics; mais jamais employé n'y fut moins esclave de ses devoirs. Il avait mal aux yeux, et l'art de s'en servir pour s'absenter de deux ou trois jours l'un; toutefois il ne portait de lunettes qu'au ministère et dans sa chambre. Les autres jours on le voyait arriver quand le canon du Palais-Royal était parti, et il faisait comme le canon sur le coup de trois heures. De plus, il cajolait si bien les surnuméraires du bureau que ceux-ci, les trois quarts du temps, se chargeaient de ses écritures, en faisant des vœux pour qu'il passât sous-chef. Mais Prévost ne mettait à profit les protections que ses travaux littéraires lui conciliaient, que pour obtenir tous les ans plusieurs mois de congé qui ne faisaient pas perdre grand chose au ministère. On finit même par lui accorder une permission d'absence illimitée, sans traitement; un ambitieux ne s'empara de son pupitre et de sa vieille redingotte qu'à titre provisoire, et si le titulaire ne reprit pas la place qu'on lui réserva toute l'année, c'est qu'il oublia tout-à-fait de donner de ses nouvelles au chef de division.

En revanche, il écrivait la physiologie du séminariste dans les *Français peints par eux-mêmes*, et il publiait des articles de mœurs, de voyages et de politique dans la *Revue de*

Paris, la *Revue britannique* et le *Constitutionnel*. Lorsqu'il rendit visite au baron Taylor,
un matin, car c'est l'heure des réceptions rue
de Bondy, ce Mécène le traita comme un garçon d'avenir, comme une célébrité en herbe,
en ne le laissant pas pénétrer dans sa chambre avant d'avoir fait étaler des in-folios, des
papiers en désordre tant sur le lit que tout
autour. Cette mise en scène avait la préten-
tion de faire considérer le baron Taylor comme
n'ayant jamais eu de collaborateurs, et par
malheur il s'en présentait un qui venait lui
offrir une plume sans signature. Le membre
de l'Institut parla à ce jeune homme d'un
grand ouvrage qu'il faisait à lui seul, et cette
circonstance nous explique assez que, depuis
plus de vingt ans , son nouveau livre n'ait
pas encore paru. Il avait aussi l'habitude de
prendre pour des poëtes tous les nouveaux-
venus de la littérature, et c'est pourquoi, à la
fin de l'audience , il serra vivement la main
de son visiteur matinal, en lui disant : — Vos
vers sont délicieux ; j'en ai lu avec grand plaisir,et j'en relirai dès que j'aurai un moment à
moi.

Or jamais notre ami n'avait rimé ; il détes-
tait la poésie. Quand par hasard il se crut
obligé d'adresser à tout risque les premiers
vers venus à des dames, ils étaient de moi, et

ces dames avaient encore d'autres raisons
pour les cacher. Prévost se destinait surtout
à la carrière d'écrivain politique, et il fût certainement devenu, avec le temps, ou rédacteur en chef d'un grand journal, ou orateur
parlementaire : le régime constitutionnel
l'empêchait de désespérer du portefeuille ministériel. Il pelotait, en attendant partie. Dans
le monde, il était déjà un homme aimable;
mais il n'eut jamais son pareil pour l'entrain
et la bonne humeur dans la société de ses
amis. A table, au bal, il avait plus d'esprit
argent comptant que la plume à la main, et
quelle verve pour les compliments, quelle
finesse dans la raillerie! Tout était *respecta-
bility* dans sa tenue, comme dans ses écrits,
dans ses relations de famille et d'affaires : mais
quand l'intimité avait brisé la glace de l'étiquette et secoué le joug du qu'en dira-t-on,
comme il retombait en souriant à genoux
devant le plaisir! Comme il lui disait bien :
Je t'aime! Il faisait quelquefois des charges,
et quelles charges! Un jour il récitait une fable, les *Animaux malades de la peste*, en re-
produisant la voix et les gestes de M. Tissot,
professeur au Collége de France. Un autre
jour il empruntait le ton du secrétaire-perpé-
tuel de l'Académie, se disposant à couronner
Bignan, et, d'une voix qui scandait la prose

comme des vers, il adressait lentement au lauréat quelques paroles bien senties : —Approchez, monsieur Bignan, et venez recevoir la palme que l'Académie décerne à vos nobles labeurs.

Son hospitalier belvédère de la rue Pastourel, où le lendemain des meilleures fêtes annonçait un surlendemain, pourquoi Prévost le quitta-t-il? L'ambition en ce jour néfaste l'a emporté sur le plaisir. L'auteur d'*Un tour en Irlande*, beau volume qui venait de paraître, avait plusieurs fois passé la Manche tout seul ; il avait parcouru avec moi les bords du Rhin et les Pyrénées ; mais il voulait encore voir du pays, visiter l'Italie. D'ailleurs, Prévost, comte d'Avèze, à la veille de passer marquis, avait-il fait vœu de célibat? Plusieurs mariages étaient sur le tapis.

Par malheur la santé du voyageur se dérangea, en Italie, et la révolution de 1848 renversa des combinaisons qui intéressaient son avenir. Le dernier dîner de garçon auquel il ait pris part n'était pas gai : tout le monde s'y ménageait, bien qu'il y eût un seul malade. Il demanda à ses amis s'ils étaient devenus membres d'un comice agricole ou d'une société de légumistes, et il eut la condescendance de porter ce toast : *Ad boves!* Un calembour répondit : *Ad aves !*

Prévost-d'Avèze mourut chrétiennement
en juin 1849, pleuré par une mère qui l'avait
adoré, et vivement regretté par ses camarades.

La Presse des Écoles. — En 1834, au mois
de mars, un journal parut sous ce titre. Ses
rédacteurs et ses abonnés étaient presque tous
élèves du collége Bourbon; il y en avait beaucoup moins à Charlemagne et à Louis-le-Grand.
Le premier numéro de cette revue fut distribué
dans la cour du Collége sans que le censeur,
M. Clerc, eût le temps de s'y opposer; mais,
dès la seconde fois, le service ne put être fait
qu'à la porte de l'établissement. Cette publication romantique, donnant tous les quinze
jours une livraison nouvelle, attaquait non-
seulement les traditions classiques, mais encore le régime des pensions et colléges de
l'Université.

Le corps enseignant tout entier fut en émoi:
nos maîtres riaient, d'autres criaient au scan-
dale. Mais on jouissait alors d'une liberté qui
permit au journal du collége Bourbon de
poursuivre, sans trop d'inquiétudes, sa publication toute l'année, et le duc d'Orléans lui-
même s'était fait inscrire un des premiers sur
la liste des abonnés. Un journal qui s'appelait
l'*Anti-romantique* fut créé à Paris, sous les
auspices de l'Université, pour répondre aux
attaques de la *Presse des Écoles* et de plu-

sieurs autres feuilles littéraires. M. Napoléon
Petitjean, alors répétiteur à Sainte-Barbe,
traita notre publication du haut en bas dans
le *Journal des Débats*, et M. Casimir Bonjour
nous fut encore moins sympathique dans un
feuilleton du *Constitutionnel*.

Les fondateurs de *la Presse des Écoles*
étaient :

Ferdinand Dugué, élève de philosophie. Depuis lors
il a publié des romans et des poésies ; il a fait jouer
au Théâtre-Français et à l'Odéon des ouvrages en vers,
et il a donné au boulevard une quantité de drames,
dont le plus remarquable au point de vue littéraire
est le *Juif de Venise*.

Leclerc, également philosophe. Maintenant notaire
à Saint-Denis.

Amalric, Baron et Victor Leroux, élèves de rhétorique. Un ou deux livres ont été publiés postérieurement par le dernier.

Breton et Bazot, en seconde.

Etienne Enault, même classe. Auteur d'une multitude de nouvelles et de romans, publiés d'abord en
feuilletons. La *Vallée aux Pervenches* est, pour nous,
le meilleur livre d'Etienne Enault.

Louis Judicis, même classe, né en 1816. Attaché à
l'Hôtel-de-Ville, précédemment à une mairie, Judicis
est l'auteur d'un drame, *les Cosaques*, joué avec succès à la Gaîté, et de plusieurs autres pièces. Il a collaboré à des romans avec Etienne Enault ; il a signé
également des traductions d'auteurs grecs et latins,
ainsi que son frère, qui a fait de jolis vers.

Même classe encore, l'historiographe actuel du lycée

Bonaparte, dont la prose et les vers ne m'ont que trop
occupé. C'est le seul de qui j'oserai dire : Il n'a pas
plus d'esprit que moi. Mais nous sommes gens de
revue, puisque nous n'avons à nous deux que 42 ans.

Lemaire, élève de rhétorique à Charlemagne, et neveu du professeur déjà nommé, puis professeur lui-
même.

Pierre Pauli, élève de Sainte-Barbe, en philosophie
à Louis-le-Grand, mort peu d'années après.

Sudre — obtenait en 1838 un prix de dis-
sertation latine au concours général, et il se
faisait remarquer, en outre, par sa haute sta-
ture au milieu des nombreux élèves du Collége que le roi recevait à Versailles, le 16
août de la même année. Louis-Philippe leur
faisait lui-même les honneurs du Musée, sa
magnifique création ; il adressait la parole
aux élèves et aux maîtres, ses invités, et puis
il leur offrait une collation. Sudre, avocat, a
été nommé officier supérieur dans la garde
nationale.

Edouard Fournier, — né en 1819, est un
charmant feuilletoniste du lundi, dans la
Patrie ; mais je l'engage à s'y montrer sévère
pour les petits actes qu'il fait jouer quelquefois. Dans ses recherches sur Paris, il tire un
excellent parti des documents que fournit la
Bibliothèque à laquelle il a été attaché. Ses
travaux bibliographiques ont déjà restitué à
l'histoire littéraire des renseignements cu-

rieux et utiles. La fécondité de Fournier, qui pond tant d'articles et de livres, n'est pas le seul rapport sous lequel il serait difficile à trois hommes de le remplacer. Il faudrait néanmoins qu'il montât sur Etienne Enault, pour donner le bras à Sudre, ou à

NADAR, — traduction populaire de Tournachon. Si celui-là ne faisait pas fortune avec toutes les réclames que ses obligés restituent à son superbe établissement photographique, il resterait un garçon d'esprit, que réjouit fort sa popularité, et l'enfant prodigue, toujours jeune, d'une famille qui ne saurait s'éteindre. Son *Panthéon de la littérature* est déjà vieux; mais il a mis en vue maintes réputations jusqu'alors plus douteuses. C'était comme une barricade, que des célébrités nouvelles ont prise d'assaut sans coup férir. De nos jours on ne se bat plus sur le chemin de la postérité : de si près tous les trains se suivent! Les convois partent, ils n'arrivent pas toujours en bon état; mais à toutes les stations il se prend des billets. On ne dira donc pas : Le siècle Nadar, comme on a dit : Le siècle de Périclès. Pourtant Nadar est photographe; ce photographe dessine avec un *chic* particulier; ce dessinateur écrit des nouvelles, et ce romancier au petit-pied est personnellement agréable à rencontrer partout où l'on s'amuse, bien que démocrate à tous crins. Son père, libraire à Lyon, portait un nom connu par des éditions estimées, qui ont paru dans la même ville. Son frère est aussi photographe, après avoir fait de la peinture.

CH. DE BESSELIÈVRE — est le fils d'un peintre en miniature, lequel donna longtemps des leçons de dessin au Collége. Son tuteur, M. Dartois, le vaudevilliste, est devenu son beau-frère, son collaborateur dans maints théâtres, et enfin son associé dans l'entreprise des Concerts-Musard.

JULIEN GIRARD. — Prix d'honneur de rhétorique au concours en 1839, prix d'honneur de philosophie l'année suivante. Aujourd'hui le créole Girard occupe au lycée Bonaparte la chaire de rhétorique, après l'avoir occupée à Charlemagne.

BAUDRILLART, — né en 1821, fut souvent couronné à l'Université avant que l'Académie française lui donnât le prix d'éloquence à deux reprises, pour l'éloge de Turgot et celui de Mme de Stael. Economiste de l'école libérale, Baudrillart est rédacteur du *Journal des Economistes* et du *Journal des Débats;* il fait un cours au Collége de France.

THÉODORE DE BANVILLE, — poëte plastique, semble avoir vu le jour à Paros. Il modèle, il estompe, il esquisse admirablement, et quelquefois il taille dans le marbre. Ses *Cariatides*, ses *Stalactites*, ses *Odelettes*, ses *Odes funambulesques* sont d'un charmant esprit. Banville écrit aussi en prose marmoréenne ; il a rédigé dans plusieurs journaux le compte-rendu des pièces de théâtre, et il a fait représenter le *Beau Léandre*, au Vaudeville.

ASSELINEAU, — fils d'un médecin de l'administration des Postes, a écrit de jolies nouvelles. Sa collaboration littéraire à beaucoup de journaux y a souvent mis son nom près de celui de Banville, comme dans le livret des prix du collége Bourbon.

OSCAR HONORÉ, — bien que successeur de son père, comme fabricant de porcelaine, est homme de lettres ; ses romans paraissent en feuilletons dans la *Patrie* et autres journaux. Il a obtenu le prix de 10,000 francs, que M. Véron avait mis à la disposition de la Société des gens de lettres. Le secrétaire de notre Association amicale est Oscar Honoré.

A. FRESNEAU, — qui remporta en 1842 le prix d'honneur de philosophie au concours, était natif de Redon. Les suffrages du département d'Ille-et-Vilaine le firent représentant du peuple, et l'Assemblée le vit prendre part avec talent aux discussions relatives au préambule de la Constitution.

MECHOR SCHANINITZ, — disions-nous en 1851, est actuellement un des princes qui commandent une des tribus caucasiennes les plus hostiles aux Ruges ; il fait à ces derniers une guerre acharnée avec Schamyl.

EDMOND et JULES DE GONCOURT — n'ont pas quitté leur nom patronymique de Huot en débutant dans la littérature, comme le dit le *Dictionnaire des Contemporains;* on les appelait de Goncourt au Collége. Du reste, ils étaient nés à Goncourt, dans les Vosges. Ces frères Siamois de la littérature appartiennent à la branche de l'école romantique qu'on appelle l'école fantaisiste : ils ne font absolument qu'un, par leurs écrits pleins de finesse et d'originalité. Rédacteurs de *Paris,* feuille littéraire quotidienne qui a vécu environ deux années, ils ont semé d'autres articles ailleurs. La librairie contemporaine leur doit : *Les Mystères des Théâtres, la Lorette, Histoire de la Société française pendant le Directoire, les Actrices, une Voiture de masques, Sophie Arnould, Portraits intimes du XIXe siècle,* etc.

DE BROGLIE. — Les fils du duc de Broglie, ancien ministre, membre de l'Académie française, ont fait leurs études à Bourbon. On lit beaucoup les livres et les brochures du prince Albert de Broglie, ainsi que ses articles dans différents recueils, notamment le *Correspondant*.

Guillaume Guizot, — qui porte un autre grand nom, s'est fait connaître du premier coup par un travail très-distingué : *Ménandre, étude historique et littéraire sur la comédie et la société grecques.*

De Pressencé. — Un des membres de cette famille protestante, à laquelle le Lycée a dû plusieurs élèves, est auteur d'une *Histoire des trois premiers siècles de l'Eglise chrétienne*, etc.

Taine, — revenu de la Sorbonne en 1847 avec le prix d'honneur de rhétorique, entra ensuite à l'Ecole normale. C'est déjà l'auteur de beaux livres, quelquefois très-sérieux, quelquefois amusants, tels que ses *Philosophes français* et son *Voyage aux Pyrénées.*

Prévost-Paradol, — également sorti de l'Ecole normale, écrit principalement dans les *Débats.* Il a occupé pendant un an la chaire de littérature à la Faculté d'Aix-en-Provence. L'Académie française a couronné son *Eloge de Bernardin de Saint-Pierre*, et l'académie des Sciences morales son travail intitulé : *Du rôle de la famille dans l'éducation.* Prévost-Paradol avait obtenu au con-

cours général le prix d'honneur de philosophie en 1848 et un prix de discours français
l'année précédente. On l'appelait Prévost au
Collége ; son autre nom fut porté à la scène
par sa mère, sociétaire du Théâtre-Français,
laquelle jouait encore les reines de tragédie
du temps de Mlle Rachel.

ÉLÈVES DE LA CINQUIÈME PÉRIODE : — Dorat, Le-
comte, Mathon, de Beurnonville, Duhoscq, Ber-
nard des Essarts, Carlier, Chibourg, de Boissière, de
Saint-Eglan, Girault, Camus, Tillot, Chateau, Jumelle,
Cailleux, Leven, de Schweizer, Gondouin, Bartholomé,
Descamps, Cœuré, Touzelin, de Crouzas-Cretet,
Carlier, Flotard, de Frémicourt, Bouillat, Terré,
Servel, Bordier, Pariset, de Vèze, Delon, Lasnier, de
Rocheplate, Vuaflard, de Catalogne, Chambolle, de
Saint-Didier, Meslier, Lanzi, Sasias, Granderie, de
Labretèche, de Bussac, Loisillon, Floquet, Mescré, de
Lavergne, de Beaumont, de La Coulonche, de Mé-
rolla, de Lacépède, de Valois, d'Eichtall, de Coursy,
Alcain, Montaigut, Challat, Gellion, Mongrolle,
Thouret, de Cumont, Pollet, Desbarolles, Delage,
Usèbe, de Vernouillet, Lacheurie, Saffers, Audouit,
Daigremont, Paccard, Desmousseaux, Maldan, Geyler,
de Médine, Scheffer, Sabatier, de Bagnaux, Goud-
chaux, de Neuilly, Cathelineau, Allard, Martorey, de
Markowen, Notkicwicz, de Linières, Degousée, Go-
mond, Beaugeois, Tramblay, Porte, Murat, Cassius
de Linval, de Tessecourt, Berville, Blayn, Dauloux,
Van Leemputen, Gaspard, Malibran, Leroy, de For-
cade, de Prulay, Thieullen, Dresch, Journée, Damou-
rette, Forges, de Villiers, Mille, de Blaye, Dachon,

Prévost, Molinos, de Bronval, Malo, Méquillet, Mon-
thiers, de Chabannes, Duceux, Renault, Robinet,
Flandin, Péreire, Farina, Chaix, Mora, Rosier,
Franklin, Alix, Feldtrappe, d'Aure, d'Avrecourt, Ber-
thelot, Guédon, Lebaudy, Cuchetet, Salomon, de
Comberousse, Sauvage, de Tascher, Yvan, Planat, de
Baignères, Ledoyen, Hébert, Bazin, Renard, Borel,
de Pontchevron, de Brême, de La Redorte, Stéve-
nard, Nau, Deschamps, Brouard, Herz, Cottereau,
Pouzols, de Rivery, Pâris, Vassal, Tisserand, Gran-
din, Trolley, Vée, Campbell, Fessard, Forey, Persiani,
Tamburini, Hermann, de Brauneck, de Saint-Phalle,
de Crouy, de Taschereau, Lacaze, Joinville, Les-
guillon, Billard, Halphen, de Guigné, Durand-
Ruel, Chauchat, Gibert, Dussert, de Flahaut,
Chaix-d'Est-Ange, avocat, fils du procureur-général; Borda, littérateur; Léon Say, auditeur à la cour
des Comptes; Gaudin, attaché aux Affaires étrangères; Guiffrey, avocat; A. de Courson, auteur d'une
Histoire des peuples Bretons ; Devicque, auteur de
plusieurs grands drames; Cte de Riencourt, député;
Hurbain, négociant en vins; Cte d'Argout, maître des
requêtes; Vte Redon de Beaupreau, *id.;* Marbeau, *id.*;
Hudault, *id.*; Péan de Saint-Gille, notaire; Coin, agent
de change; Vte de Loverdo et Bon de Lucay, auditeurs au conseil d'État; de Barthelemy, *id.*; Molitor,
fils du maréchal; Bérard, Cordier, de Conchy, Mar-
tini, de Bessières, Gaudillot, de Choiseul-Praslin,
Garcia, de Germroze, Autran, Lefranc de Pompignan,
de Cools, d'Aoust, Granger, Crosnier, Fix, Cohen,
de Noailles, de Malleville, Second, Legendre, Feuillet,
de Livois, de Boissy, Vallée, de Monvert, Valatour, de
Talleyrand, de Latour-Maubourg, Duperrey, Ardant,
Duruflé, de Mailly, Gillet, Etchegaray, Cruveilher,

Bayvet, Surville, Lelièvre, Gosselin, de Chabrol, De-
mimuid, Isnard, Devé, Boitard, de Billiers, Lachave,
Plé, Baroche, de Rochechouart, de Perrinelle, Hardy,
de Livoix, Auger, de Wurstemberg, de Rivery, Chaise,
de Valerot, de Forbin, Imbert de Saint-Amand, de
Flavigny, de Marine, de Périgue, Fagniez, Berger ;
Pourcelt, notaire; de Rémusat frères, Cottier, Léon
Halevy fils, les Pozzo di Borgo, O'Neill, de Luppé,
L. A. de Cabarrus, Picard, Boutmy, Ollé-Laprune,
Beaumont, Ludlow, Saussine, Ariste Albert, J. An-
drieux, attaché à la bibliothèque du Sénat ; H. Becker,
E. Bordier, Campenon, Cartier, Delacourtie. de la
Fosse-d'Auxais, Dubois frères, Duriez, Fauvel, Forty
et Foureau de la Tour, avocats; de Benazé, Cartier,
Devaux et Lesage, avoués ; G. Bonnet, Moreau,
E. Boullon, L. Chevalier, auditeur à la Cour des
comptes ; Ch. Chollet, du ministère des Finances ;
Chrétien, Constantin frères, Corby, de Lamarre, A.
Deloche, J. Delon, commissaire-priseur ; E. Delpech,
professeur ; Desforges et Simon, notaires ; E. Douault,
licencié en droit, Vte Duchatel, R. Duparquet, F. Fa-
brége; Froment-Meurice, joaillier; L. Gasson, E. Ger-
vais, avocat; Guélot, *id.*; A. Huart, *id.*; Humann, *id.*;
E. Gimer, A. Gournot, Cte de Greffulhe, Guntzberg,
Herbette frères, d'Hostel frères, Langoit, commis-
saire priseur , J. Leboucher, B. Lécrivain; Emile Le-
grand, rédacteur de la partie judiciaire de la *Patrie* ;
J. G. Houssaye, auteur d'une instructive *Notice sur la
Chine*, fondateur d'une exposition chinoise annexée à
l'Exposition universelle et négociant en thés; Albert
Le Rée, de Mas, A. Michau, L. Michau, A. Messéan,
Moreau de Champlieux, Alph. Mullot, avocat; Nicolas,
O. Noirot, A. Normand, architecte; G. Normand,
Parmentier, peintre; Parmentier, avoué; Parmentier,

négociant; Patural, avocat; Pector, *id.*; F. Picard,
A. Protais, peintre; A. Riche, E. Richard, de Saint-
Romain, L. de Sancy, Sauvage, H. de Schneider, Ch.
Sédillot, C. Touzelin, E. de Valois, avocat ; A. de
Vandeul, R. Vinchon, peintre; Jarry, avocat; Leves-
que, conseiller à la Cour ; Groos, ingénieur civil ;
Droux, manufacturier; Sanson, Ad. Moreau, Hipp.
Moreau, Rasetti, avoué, et Rasetti, homme de lettres,
auteur d'une jolie pièce au second Théâtre-Français ;
Javal, Halphen, Paillet; le Bon de Mackau, auditeur
au conseil d'Etat; Jolivard, avocat; Ch. Lagrange, fermier d'annonces; Grétérin, Beugnot, Hély d'Oissel,
de Lagrenée, Goubie, de Béville, de Janvry, Fauche,
Dupré, prix d'honneur de rhétorique au concours de
1848; Ducolombier, *id.* de mathématiques en 1849;
de Bretteville, *id.* en 1851; Babut, *id.* de logique en
1853; Desdouits, *id.* en 1855; Listz, *id.* de rhétorique
en 1856; Ruffin, *id.* de logique en 1857; Faubert, *id.*
de rhétorique en 1858; Martin, *id.* de logique en
1861.

ARTISTES DRAMATIQUES : — Colson, élève du lycéé Bonaparte sous le premier empire, a joué pendant trente
ans les rôles de confident, de raisonneur et de notaire
au Théâtre-Français.

Talbot est sociétaire actuel.

Laferrière marquera dans l'histoire du théâtre
comme l'acteur le plus longtemps jeune, comme le
seul amoureux dont les larmes n'aient jamais fait
rire, et le drame de son époque n'aura pas eu de
Léandre plus passionné, plus touchant, plus aimé.

Brindeau, encore plus nomade que Laferrière, a été
sociétaire de la Comédie-Française, et Alfred de Musset n'y avait pas de meilleur interprète. N'est-ce pas

dommage que Brindeau coure tant la province ? On l'y gâte.

Charles Ponchard rappelle à l'Opéra-Comique l'excellente méthode du célèbre chanteur, son père, et de plus il joue en comédien qui a passé par le Théâtre-Français.

Berton, fils du compositeur, a débuté rue Richelieu vers le même temps que Ponchard. Des succès au Gymnase avaient marqué de nouveau sa place à la Comédie-Française ; mais la Russie l'a rappelé à elle avec des arguments irrésistibles. Son fils, artiste du Gymnase, et ses beau-frères, fils de Samson, du Théâtre-Français, ont été, ainsi que Berton, élèves du collége Bourbon.

Delaistre a créé de grands rôles sur les scènes du boulevard du Crime, et il y a doublé Frédérick.

Langlois, fils d'un syndic au tribunal de commerce, porte au théâtre le nom de sa mère, Mlle Taillade. Il a représenté Napoléon au théâtre du Cirque, et Charles IX à la Porte-Saint-Martin ; il a repris aussi avec succès un des rôles de la *Tour de Nesle*. Contrairement au proverbe, il est moins bien servi quand il se taille lui-même un rôle dans un drame de sa composition.

Le père de Lhéritier, du Palais-Royal, et de son frère, attaché au contentieux des douanes, qui ont fait leurs classes à Bourbon, était sous-chef aux Finances. Les *Baigneuses*, les *deux Papas très-bien*, les *Suites d'un premier lit*, les *Jarretières d'un huissier*, et cent autres pièces amusantes ont fait de Lhéritier un comique excellent.

Pascal a joué successivement dans quatre ou cinq théâtres de Paris. Il passait au Collége pour être appelé à jouir d'une grande fortune, qui a changé de mains.

Eugène Monrose, frère du sociétaire actuel de la Comédie-Française, et oncle de Mlle Monrose, de l'Opéra-Comique, tient les premiers rôles en province, après avoir fait à Paris autant d'apparitions que Pascal.

Moreau-Sainti, fils d'un acteur de l'Opéra-Comique, a été quelque temps pensionnaire du théâtre des Variétés ; il contribue à l'éducation dramatique des pensionnaires du Conservatoire.

LES PENSIONS DU LYCÉE. — Les écoles secondaires relevant du lycée Bonaparte, à l'époque de son ouverture, étaient les pensions : Butet, rue de Clichy ; Goëbel, même rue ; Guibourg, faubourg du Roule; Hix, rue Matignon ; Lemoine, rue de Berri, et Moreau, faubourg Saint-Honoré. Mais des instituteurs particuliers, moins autorisés d'abord que les chefs de ces écoles secondaires, envoyaient également des élèves au nouveau lycée, dont ils répétaient les leçons, tels que les sieurs Labbé, Duckett, Briant et Mouton.

M. Butet de la Sarthe, grammairien, né en 1769, avait été au séminaire et porté le petit-collet; puis il avait étudié en médecine, fait un cours de physique à l'Athénée et donné des leçons dans une école centrale. Il était établi maître de pension au faubourg Saint-Germain avant de fonder une *école polymatique* dans la rue de Clichy, dite alors de la

Liberté. Il présenta en 1800 sa *Lexicologie* à la deuxième classe de l'Institut; mais l'abbé Morellet et François de Neufchateau critiquèrent vivement l'ouvrage de Butet, qui se décida à déclarer, par une lettre au *Moniteur*, que son système lexicologique n'était pas suivi à l'école polymatique. Il avait fait graver des têtes de lettres où figuraient ces mots dans un triangle : surveillance et affection; *tuto, cito et jucunde*. Marie-Joseph Chenier avait parlé de Butet dans un ouvrage. Le mathématicien Raynaud donnait des répétions dans son établissement; le maréchal Regnauld-de-Saint-Jean-d'Angély et le vaudevilliste Mélesville y ont été élèves. Le maître de pension présenta plusieurs fois sa candidature à l'Institut, sous les auspices de l'abbé Sicard, directeur des Sourds-Muets, qui fut tout seul à lui donner sa voix, et lorsque mourut cet ami qui avait été grammairien, il espéra recueillir plus facilement son héritage académique; mais il obtint alors une voix de moins que dans les concours précédents. Au reste, M. Butet suivit de près Sicard dans la tombe; son fils eut postérieurement un emploi au chemin de fer du Nord, et sa fille épousa un changeur de monnaies au passage des Panoramas. Son institution se fondit avec l'institution Bintot établie dans la même rue.

L'abbé Bintot ne s'était pas marié pendant la République, mais il ne reprit plus la soutane. Il demeurait déjà rue de Clichy, avec un petit nombre d'élèves en 1806, bien qu'il fût alors professeur au Lycée. L'année suivante on classait sa maison comme institution particulière. Magister grand et maigre, à la parole vive, à la physionomie sévère, il tenait bien sa pension, où la patoche remplaçait la verge de l'ancienne Université. On appelait *patoche* une sorte de tire-pied, comme en ont les savetiers, avec lequel des coups sur la paume de la main étaient administrés par punition aux jeunes élèves, et qui n'a disparu qu'en 1830 des pensions du collége Bourbon. Le successeur de M. Bintot à l'école polymatique fut M. Barthélemy, après lequel vint M. Rouit, ancien élève du Lycée, puis M. Pitolet, également ancien élève. L'établissement était fermé avant la fin du règne de Louis-Philippe.

M. Gœbel était aussi rue de Clichy. Il faisait toujours suivre sa signature de ces mots, *citoyen français*, afin de n'être pas pris pour un Allemand. Mais il avait épousé une Anglaise. Ses deux filles, miss Maria et miss Henriette, étaient charmantes et d'une rare distinction. On les faisait danser une fois par an, ainsi que les sœurs et les mères des élèves,

dans un bal modestement organisé par souscription. Miss Maria est devenue la femme
d'un professeur, et miss Henriette, qui l'eût
cru ? a débuté au Vaudeville.

Avant l'ouverture du Lycée, Hérold, auteur
du *Pré aux Clercs*, fut élevé chez M. Hix ; puis
les pages de l'empereur y furent placés, en attendant qu'une maison spéciale leur fût ouverte faubourg Saint-Honoré. Le fils du maître
de pension mourut en se rendant à Bahia, et le
chagrin qu'en ressentit M. Hix le porta à céder
presque tous ses élèves à deux pensions de
la rue de la Pépinière et à vendre une portion de sa propriété. Son gendre, M. Auber,
garda pourtant quelques jeunes gens, qui le
suivirent bientôt rue Blanche, et plus tard,
comme nous l'avons vu, il était censeur au
Lycée.

M. Lemoine, dont l'établissement superbe
s'était appelé institution polytechnique, a
compté parmi ses élèves : de Ségur et de Barante, de l'Académie française, Mortier, duc
de Trévise, le général comte Tascher de la
Pagerie. Ce maître de pension, auteur d'ouvrages élémentaires, signait Lemoine d'Essoies : il était né à Essoies en Champagne, au
milieu du xviiie siècle. Professeur de mathématiques et de physique, il avait été nommé
membre du jury d'Instruction publique pen-

dant la Révolution. Il est mort à Paris, le 17 août 1816.

M. Labbé, robuste pédagogue, à la bouche capable, au nez arqué, à l'œil ovale, au front fuyant, aimait tout ce qui fait ventre, mais aussi ce qui corrige un peu l'obésité. La maison qu'il occupait rue du Faubourg-Saint-Honoré, touchait au ci-devant hôtel Balincourt, bâti sur les dessins de Liégeon, et le 1er juin 1807 il acheta cet hôtel ouvrant rue de la Pépinière, vis-à-vis de la rue de Courcelles. Il s'était marié en 1793, et sa femme, qui allait elle-même à la halle, veillait au grain. Leur établissement continuant à prospérer, ils acquirent en 1820 la propriété adjacente dans laquelle ils avaient débuté ; puis ils cédèrent, vers 1826, l'institution à MM. Mérault et Hubert, qui avaient épousé leurs nièces. Mlle Falcon, autre nièce du père Labbé, habitait alors la pension ; elle débuta bientôt à l'Opéra, avec beaucoup de succès. Mais les deux associés ayant moins réussi rue de la Pépinière, M. Mérault entra dans l'intendance militaire en Afrique, et M. Hubert, ancien élève du Lycée, devint un de ses meilleurs professeurs. Leur successeur, M. Rivaud, qui avait été établi rue d'Enfer, conserva à titre d'inspecteur le père Prêtement, ancien soldat de l'Empire, déjà vieux dans l'établissement, et mari de l'infirmière, qui avait été cantinière. Parmi les maîtres d'étude figurèrent Hégésippe Moreau, dont le prénom réel était Charles ; Guyon, plus tard sociétaire du Théâtre-Français, et Tyrtée Tastet, auteur de plusieurs pièces et d'une *Histoire des 40 fauteuils*. L'aumônier fut l'abbé Orsini, qui depuis a écrit une admirable *Histoire de la Vierge, mère de Dieu*. Un soir entre autres, dans cette institution, on joua *M. Cagnard* et *Henri III ;* voici quelle était la distribution des rôles :

M. *Cagnard* et le *duc de Guise :* Elzéar Pin, plus tard homme de lettres, agronome en Provence et constituant ; le *savetier Manique* et la *duchesse de Guise :* Peert, ensuite avoué à Versailles ; *Catherine de Médicis :* Luce, marié plus tard à une charmante dame qui donnait de jolis bals ; l'*astrologue Ruggieri :* Tyrtée Tastet ; *Joyeuse :* Charles Joubert ; *Saint-Mégrin :* Hégésippe Moreau ; *le page :* Victor de Rigny, ensuite associé d'agent de change.

M. Rivaud ne résista pas mieux que ses prédécesseurs à la mauvaise veine, que ne conjura pas le retour de M. Labbé. Puis un ancien élève de l'Ecole polytechnique, inspecteur dans la pension Petit, M. François Coquille prit l'établissement et y prit femme, pour se séparer de l'un et de l'autre à la fois. M. Coquille, après avoir écrit dans le *Constitutionnel*, s'est placé en Afrique ; M. Rivaud est attaché aux bureaux du chemin de fer de Lyon. L'ancien hôtel Balincourt est redevenu une habitation particulière depuis la mort de M. et de Mme Labbé.

La pension Savary, rue Croix-des-Petits-Champs, puis passage Sandrié, a été remplacée par la pension Vertut, ensuite Labrousse, sur l'emplacement du nouvel Opéra ; mais elle avait eu une succursale à Passy, avant d'y transférer son siége principal. Le fondateur de cette maison, maintenant dite Aubert-Savary, a cessé de vivre en 1836. Elle est au nombre des institutions qu'une grande voiture met en communication avec le Lycée.

MM. Granet, Bimar et Basse ont précédé M. Bousquet, gendre de M. Basse et frère d'un professeur du Lycée, dans son établissement, rue de Chaillot, qui date de l'Empire.

MM. Landry père et fils s'installèrent vers 1815 rue de la Cerisaie, et passèrent rue Chaptal quelques années après. Chez eux Ledru-Rollin, et ses amis Gambon et Delescluse, ont été moins longtemps élèves que l'Anglais Neate, lequel a obtenu un prix de discours français au concours général.

L'ancien hôtel de Lucien Bonaparte, rue du Rocher, est occupé par la pension Carré-Demailly, dirigée antérieurement par M. Dunod, et fondée en 1815 par l'abbé Picot. Ducroq, fils du concierge de M. Dunod, fut souvent couronné et devint professeur.

A la même année remonte l'établissement créé rue de la Pépinière par un répétiteur de Louis-le-Grand, âgé de 23 ans, lequel commençait avec 7 élèves, notamment de Barral, qui mourut général. M. Muron, ce jeune maître de pension, rivalisa bientôt avec M. Labbé. Ses lauréats nombreux n'ont pas tous tenu ce que leurs succès promettaient ; en effet, l'un d'eux, Larochette, fils du porteur d'eau de la pension, s'est mis simple soldat, comme un puits-sec de l'Université, et Labarthe, fils d'un colonel de gendarmerie, est mort jeune, pendant les vacances. Un autre chagrin frappa M. Muron quand toute l'argenterie de la pension fut volée par un employé, par un maître. Le jeune avocat Charles Potron, ancien élève, plaida vainement pour l'accusé Guérin, dont le beau-frère, au reste, nommé Jadin fut condamné, dans une circonstance encore plus grave, à la peine capitale. Quand à Potron, il a quitté la robe pour composer de jolies pièces, telle que le *Poltron,* la *Liste de mes maîtresses, Mme de Sérigny.*

M. Muron, comme de juste, était un des premiers à applaudir aux succès de Potron. Aussi bien il aimait le théâtre plus que ses élèves ne le croyaient. Il allait souvent se

blotir dans une loge de baignoire, aux Variétés ou au Palais-Royal, et parfois il y ren-
contrait M. Ragon, le professeur de rhétorique, lequel trouvait convenable de prendre
les mêmes précautions en satisfaisant aux
mêmes goûts.

Le chef d'institution avait pris pour répétiteurs Casimir Bonjour et Bellaguet. Ce dernier avait fait ses classes au Lycée, avant d'y
être professeur, et il avait traduit le théâtre
de Sophocle. M. Muron, en 1857, céda la maison
à Bellaguet, et puis il fut adjoint au maire de
son arrondissement. A M. Bellaguet, membre
du conseil supérieur de l'Instruction publique, a succédé M. Ebrard.

M. Goubaux donnait des répétitions à Sainte-
Barbe. Le chef de cette institution, M. Victor Delanneau, l'aida à établir une pension, qu'il appela par gratitude pension
Saint-Victor. Laffitte aussi vint en aide à
M. Goubaux, dans une circonstance difficile,
et puis ce fut la Ville qui acheta l'établissement pour en faire le collége Chaptal. L'institution Saint-Victor avait été fondée rue
Chantereine ou de la Victoire ; elle y avait
fusionné avec la pension de M. de la Chauvinière, ensuite archiviste de la Chambre des
pairs ; puis elle avait été transférée rue de
Clichy, avec seconde entrée rue Blanche.

MM. Belmontet, Michel de Bourges, Lorain, Nisard, de l'Académie, et Delort, fils d'un géral, ont été attachés à l'établissement. Massard et Herman, musiciens en réputation, ont été élevés chez M. Goubeaux. Monjean, fils du concierge, y a fait de bonnes études en suivant les cours du Collége, et puis il est devenu précepteur des fils de M. Horace Say. M. Passy, étant ministre, a voulu faire Monjean chef de son cabinet; mais celui-ci a préféré rester préfet général des études sous la direction de M. Goubaux, auquel il a succédé comme directeur de Chaptal. Sous le nom de Dinaux, un assez grand nombre de pièces de M. Goubaux avaient été représentées, notamment *Richard d'Arlington*, fait avec Dumas ; *Latréaumont*, avec Eugène Sue, et *Louise de Lignerolles*, avec Ernest Legouvé.

M. Bellacoys de Boismont, un bossu, s'est fait maître de pension en 1819 rue Mandar, puis rue de Clichy. Il a passé proviseur à Tours, puis bibliothécaire à la Sorbonne, en laissant son établissement à M. Lamotte, postérieurement inspecteur de l'Université. M. Elias Regnault, successeur de celui-ci, est devenu secrétaire du cabinet de Ledru-Rollin, et il a écrit l'*Histoire de la Révolution de Février*, etc. M. Challamet, ancien élève du Collége, a transporté l'établissement rue des

Deux-Portes-Saint-Sauveur. On doit y être
mieux nourri qu'ailleurs, car le neveu ou le
fils du célèbre Brillat-Savarin y a été pensionnaire.

Le vaudevilliste Eugène Nyon, qui a fait
ses classes au Lycée, est frère du fondateur
de la pension Genty, située rue des Martyrs,
et à la tête de laquelle a été M. Blain.

M. de Blignières, auteur de plusieurs grammaires, est le père d'Auguste de Blignières,
professeur de rhétorique à Stanislas, et auteur
d'*Essais sur Amyot*. Il a créé, rue de Clichy,
la maison d'éducation de M. Dupuy, qui est
rue Blanche.

Inauguration vers 1820 d'un établissement
rue Basse-du-Rempart. M. Léon Faucher y est
répétiteur, avant de devenir précepteur des
fils de M. Dailly, maître de poste. M. Darra-
gon, ultérieurement secrétaire de la Faculté
de droit à Poitiers, et père d'un avocat du
barreau de Paris, cède la pension à Blanadet,
ancien élève du Collége, qui vend à M. Mon-
tauban, mais qui reprend ensuite, pour re-
vendre à M. Cassan.

M. Morin, instituteur établi sur une grande
échelle, eut pour successeur son gendre,
M. Belèze, ancien élève de l'Ecole normale,
auteur d'un *Cours complet d'enseignement
élémentaire*, lequel quitta la rue Louis-le-

Grand pour la rue Caumartin, où M. Prunières tient sa place.

La maison Ferté-Bonnefous a été Hénon-Ferté. Notre camarade Ferté la tenait de son beau-père, qui l'avait ouverte rue de la Pépinière, puis rue de Courcelles.

M.Pouzadoux, autre maître de pension, eut pour prédécesseurs MM. Mennequin et Clavé.

M. Dastès, ancien répétiteur de la pension Dabot, s'est installé rue des Dames en 1835. Aujourd'hui son institution est dite Marc-Dastès.

Au même temps s'établissait, de son côté, M. Dupont, inventeur et propagateur d'une méthode d'enseignement primaire, à qui succède M. Tuffier, rue Saint-Lazare, en même temps que rue du Faubourg-Saint-Honoré.

M. Loubens, maître d'écriture, avait deux fils au lycée Bonaparte. Tous les deux se sont servis de la plume en gens de lettres. L'un s'attacha pourtant à une mairie, et l'autre, auquel une seule famille avait confié l'éducation de 7 enfants, en fit le noyau d'une pension, rue Thiroux, puis rue du Rocher.

De 1842 date la fondation de l'école polonaise des Batignolles, où il est donné une éducation nationale à des fils nés en France de l'émigration polonaise. Une grande extension a été prise par cette institution, grâce au dé-

vouement patriotique des Polonais et à la mu-
nificence du gouvernement français. M. Stanislas Malinowski est le directeur de l'école
polonaise, qui envoie une partie de ses élèves
au Lycée.

M. Crosnier de Varigny, professeur d'histoire
à Versailles, précepteur d'un fils de M. le duc
de Rivière et de deux fils de M. le duc de
Gramont, a commencé en 1842 à réunir
sous sa direction les enfants de plusieurs familles.

M. Albert Berçoët, ancien élève de Sainte-
Barbe, faisait de même rue de la Pépinière.

M. Hiolle, rue d'Anjou-Saint-Honoré.

Et M. Cousin, rue du Rocher, dans l'ancien
hôtel de Joseph Bonaparte.

L'institution Duplessis-Mornay était créée
vers le même temps aux Batignolles pour des
élèves de famille protestante.

Trois autres institutions, qui n'existent plus
ou qui ne relèvent plus du Lycée, ont eu
pour chefs MM. Sabatier, rue Richer ; Gasc,
rue du Rocher, et Brion, rue de la Victoire.
Barthélemy, fils du gouverneur de Cuba, Jo-
mard et Bonafey comptaient parmi les nombreux élèves de M. Sabatier, auquel a succédé M. Chartran, puis M. Saint-Romain.
M. Gasc, père de l'élève de ce nom, était auteur d'ouvrages relatifs à l'enseignement.

M. Brion occupait l'hôtel habité avant le 18 brumaire par le géneral Bonaparte.

Quelques autres pensions sont de création plus récente ou se rattachent à quelques-unes de celles dont nous avons parlé ; elles sont dirigées par MM. Delahaye, ancien élève du Collége, Chaine, id., Houllier, ancien répétiteur de la pension Muron; Pernet, Pretet, Derenbourg, Cibot, Comte et Delafosse.

FIN.

TABLE

1016. — Paris, Imp. Bonnet et Comp., 42, rue Vavin.